Čínska Kuchyňa
Tajomstvá Chuťového Raju

Mei Lin

Index

Dusené bambusové výhonky 10
Kuracie mäso s uhorkou 11
Sezamové kura 12
Liči so zázvorom 13
Červené varené kuracie krídelká 14
Krabie mäso s uhorkou 15
Marinované huby 16
Marinované cesnakové huby 17
Krevety a karfiol 18
Šunkové tyčinky so sezamom 19
Studené tofu 20
Kuracie mäso so slaninou 21
Kuracie a banánové hranolky 22
Kuracie mäso so zázvorom a hubami 23
Kuracie mäso a šunka 25
Grilované kuracie pečienky 26
Krabie guľôčky s vodnými gaštanmi 27
Dim Sum 28
Rolky so šunkou a kuracím mäsom 29
Recepty na pečenú šunku 30
Pseudoúdená ryba 31
Plnené huby 33
Huby v ustricovej omáčke 34
Bravčové a šalátové rolky 35
Bravčové a gaštanové fašírky 37
Vepřo knedlo 38
Bravčové a teľacie karbonátky 40
motýľ krevety 41
Čínsky Kamerun 42
Krekry na krevety 43
Chrumkavé krevety 44
Krevety so zázvorovou omáčkou 45

Rolky s krevetami a cestovinou ... 46
Toast s krevetami ... 48
Bravčové a krevetové wontony so sladkokyslou omáčkou ... 49
Kurací vývar ... 51
Fazuľové klíčky a bravčová polievka ... 52
Abalone a hubová polievka ... 53
Kuracia a špargľová polievka ... 55
Mäsová polievka ... 56
Čínska polievka z hovädzieho mäsa a listov ... 57
Kapustová polievka ... 58
Pikantná hovädzia polievka ... 59
Nebeská polievka ... 61
Kuracia a bambusová polievka ... 62
Kuracia a kukuričná polievka ... 63
Kuracia a zázvorová polievka ... 64
Slepačia polievka s čínskymi hubami ... 65
Kuracia a ryžová polievka ... 66
Kuracia a kokosová polievka ... 67
Mušľová polievka ... 68
Vaječná polievka ... 69
Polievka s krabmi a hrebenatkami ... 70
Krabia polievka ... 72
Rybacia polievka ... 73
Ryba a šalátová polievka ... 74
Zázvorová polievka s knedľou ... 76
Horúca a kyslá polievka ... 77
Hubová polievka ... 78
Hubová a kapustová polievka ... 79
Hubová vaječná polievka ... 80
Hubová a vodová gaštanová polievka ... 81
Bravčové mäso a hubová polievka ... 82
Polievka z bravčového mäsa a žeruchy ... 83
Polievka z bravčového mäsa a uhoriek ... 84
Polievka s bravčovými guličkami a rezancami ... 85
Špenátová a tofu polievka ... 86
Polievka z kukurice a krabov ... 87

sečuánska polievka 88
Tofu polievka.. 90
Tofu a rybacia polievka 91
Paradajková polievka 92
Paradajková a špenátová polievka 93
Repová polievka... 94
Zeleninová polievka 95
Vegetariánska polievka.. 96
Polievka zo žeruchy 97
Vyprážané ryby so zeleninou 98
Pečená celá ryba.. 100
Dusená sójová ryba 101
Sójová ryba s ustricovou omáčkou 102
Varený morský vlk.. 104
Pečená ryba s hubami... 105
Sladké a kyslé ryby.. 107
Bravčové plnené ryby... 109
Okorenený pečený kapor 111
Sladkokyslý kapor 113
Pikantné pečené bravčové mäso.. 115
Bravčové buchty na pare 116
Bravčové s kapustou 118
Bravčové mäso s kapustou a paradajkami 120
Marinované bravčové mäso s kapustou............................... 121
Bravčové mäso so zelerom.. 123
Bravčové mäso s gaštanmi a šampiňónmi 124
Bravčová kotleta 125
Bravčové Yakisoba... 126
Pečené bravčové Chow Mein... 128
Bravčové mäso s chutney.. 129
Bravčové mäso s uhorkou... 130
Chrumkavé bravčové bravčové bravčové mäso................... 131
Bravčové a vaječné rolky... 132
Bravčové a krevetové vaječné rolky...................................... 133
Bravčové pečené s vajíčkami 134
Ohnivá sviňa 135

Vyprážané bravčové filé 136
Five Spice Bravčové mäso 137
Voňavé pečené bravčové mäso 138
Bravčové mäso s mletým cesnakom 139
Vyprážané bravčové so zázvorom 140
Bravčové mäso so zelenými fazuľkami 141
Bravčové mäso so šunkou a tofu 142
Vyprážané bravčové kebaby 144
Pečená bravčová stopka v červenej omáčke 145
Marinované bravčové mäso 147
Marinované bravčové kotlety 148
Bravčové s hubami 149
Dusená sekaná 150
Červené bravčové mäso s hubami 151
Bravčová palacinka s rezancami 152
Bravčové mäso a krevety s rezancami 153
Bravčové s ustricovou omáčkou 154
Bravčové mäso s arašidmi 155
Bravčové mäso s paprikou 157
Pikantné bravčové mäso s kyslou uhorkou 158
Bravčové mäso so slivkovou omáčkou 159
Bravčové s krevetami 160
Červené bravčové mäso 161
Bravčové mäso v červenej omáčke 162
Bravčové mäso s ryžovými rezancami 164
Bohaté bravčové knedlo 166
Pečené bravčové kotlety 167
Ochutené bravčové mäso 168
Klzké bravčové plátky 169
Bravčové mäso so špenátom a mrkvou 170
Dusené bravčové mäso 171
Vyprážané bravčové mäso 172
Bravčové mäso so sladkými zemiakmi 173
Bravčové mäso horkosladké 174
Slané bravčové mäso 175
Bravčové mäso s tofu 176

Jemné bravčové mäso 177
Prasa dvakrát 178
Bravčové mäso so zeleninou 179
Bravčové mäso s vlašskými orechmi 180
Bravčové wontony 181
Bravčové mäso s vodnými gaštanmi 182
Bravčové mäso a krevety wontons 183
Mleté mäsové guľky v pare 184
Rebierka s omáčkou z čiernej fazule 185
Pečené rebrá 186
Pečené javorové rebrá 187
Vyprážané rebrá 188
Rebierka s pórom 189
Rebierka s hubami 190
Rebrá s pomarančom 191
Ananásový rezeň 192
Chrumkavý krevetový rezeň 193
Rebierka s ryžovým vínom 194
Rebrá so sezamovými semienkami 195
Rezne so sladkokyslou omáčkou 196
Dusené rebrá 198
Rebierka s paradajkami 199
Grilované pečené bravčové mäso 200
Studené bravčové s horčicou 201
Čínske pečené bravčové mäso 202
Bravčové mäso so špenátom 203
Vyprážané bravčové guľky 204
Bravčové a krevetové vaječné rolky 205
Dusené mleté bravčové mäso 206
Vyprážané bravčové mäso s krabím mäsom 207
Bravčové mäso s fazuľovými klíčkami 208
Opité prasa 209
Dusené bravčové stehno 210
Bravčové pečené so zeleninou 212
Prasa dvakrát 213
Bravčové obličky s mangetoutom 214

Červená šunka s gaštanmi 215
Vyprážaná šunka a vaječné gule... 216
Šunka a ananás 217
Frittata so šunkou a špenátom.. 218

Dusené bambusové výhonky

Podáva 4

60 ml/4 polievkové lyžice arašidového (arašidového) oleja
225 g bambusových výhonkov nakrájaných na prúžky
60 ml/4 polievkové lyžice kuracieho vývaru
15 ml/1 polievková lyžica sójovej omáčky
5 ml/1 lyžička cukru
5 ml/1 čajová lyžička ryžového vína alebo suchého sherry

Rozpálime olej a opekáme bambusové výhonky 3 minúty. Zmiešajte vývar, sójovú omáčku, cukor a víno alebo sherry a pridajte do panvice. Prikryjeme a varíme 20 minút. Pred podávaním nechajte vychladnúť a vychlaďte.

Kuracie mäso s uhorkou

Podáva 4

1 uhorka, olúpaná a zbavená semienok
225 g/8 oz varené kuracie mäso, nakrájané na kúsky
5 ml/1 čajová lyžička horčičného prášku
2,5 ml/¬Ω čajovej lyžičky soli
30 ml/2 lyžice vínneho octu

Uhorku nakrájajte na prúžky a položte na plochý tanier. Navrch poukladajte kura. Zmiešajte horčicu, soľ a vínny ocot a pred podávaním polejte kura.

Sezamové kura

Podáva 4

350 g / 12 oz varené kuracie mäso
120 ml/4 fl oz/¬Ω šálka vody
5 ml/1 čajová lyžička horčičného prášku
15 ml/1 polievková lyžica sezamových semienok
2,5 ml/¬Ω čajovej lyžičky soli
štipka cukru
45 ml/3 polievkové lyžice nasekaného čerstvého koriandra
5 pažítky (pažítka), nasekanej
¬Ω hlávkový šalát, strúhaný

Kuracie mäso nakrájame na tenké prúžky. Do horčice primiešame len toľko vody, aby vznikla hladká kaša a vmiešame do kuraťa. Sezamové semienka opražte na suchej panvici, kým jemne nezhnednú, potom ich pridajte ku kuraťu a posypte soľou a cukrom. Pridajte polovicu petržlenovej vňate a pažítku a dobre premiešajte. Hlávkový šalát naaranžujte na servírovací tanier, navrch položte kuraciu zmes a ozdobte zvyšnou petržlenovou vňaťou.

Liči so zázvorom

Podáva 4

1 veľký melón, prekrojený na polovicu a bez semien
450 g / 1 lb konzervované liči, scedené
5 cm/2 stonky zázvoru, nakrájaného na plátky
nejaké lístky mäty

Polovičky melóna naplníme liči a zázvorom, ozdobíme lístkami mäty. Pred podávaním vychladnúť.

Červené varené kuracie krídelká

Podáva 4

8 kuracích krídel
2 pažítka (pažítka), nasekaná
75 ml/5 polievkových lyžíc sójovej omáčky
120 ml/4 fl oz/¬Ω šálka vody
30 ml/2 polievkové lyžice hnedého cukru

Odrežte a vyhoďte kostnaté konce kuracích krídel a rozrežte ich na polovicu. Vložte do panvice s ostatnými ingredienciami, priveďte do varu, prikryte a varte 30 minút. Odstráňte pokrievku a pokračujte vo varení ďalších 15 minút za častého podlievania. Nechajte vychladnúť, potom pred podávaním vychlaďte.

Krabie mäso s uhorkou

Podáva 4

100 g krabieho mäsa vo vločkách
2 uhorky, olúpané a nakrájané
1 plátok koreňa zázvoru, nasekaný
15 ml/1 polievková lyžica sójovej omáčky
30 ml/2 lyžice vínneho octu
5 ml/1 lyžička cukru
pár kvapiek sezamového oleja

Vložte krabie mäso a uhorky do misy. Zmiešajte zvyšné ingrediencie, nalejte na zmes krabieho mäsa a dobre premiešajte. Pred podávaním prikryte a dajte na 30 minút do chladničky.

Marinované huby

Podáva 4

225 g šampiňónov
30 ml/2 polievkové lyžice sójovej omáčky
15 ml/1 polievková lyžica ryžového vína alebo suchého sherry
štipka soli
pár kvapiek tabasco omáčky
pár kvapiek sezamového oleja

Huby varíme 2 minúty vo vriacej vode, scedíme a osušíme. Dáme do misky a zalejeme ostatnými surovinami. Dobre premiešajte a pred podávaním dajte do chladničky.

Marinované cesnakové huby

Podáva 4

225 g šampiňónov
3 strúčiky cesnaku, rozdrvené
30 ml/2 polievkové lyžice sójovej omáčky
30 ml/2 lyžice ryžového vína alebo suchého sherry
15 ml/1 polievková lyžica sezamového oleja
štipka soli

Vložte huby a cesnak do cedníka, zalejte vriacou vodou a nechajte 3 minúty postáť. Scedíme a dobre vysušíme. Zvyšné ingrediencie zmiešame, huby zalejeme marinádou a necháme 1 hodinu marinovať.

Krevety a karfiol

Podáva 4

225 g ružičiek karfiolu
100 g lúpaných kreviet
15 ml/1 polievková lyžica sójovej omáčky
5 ml/1 čajová lyžička sezamového oleja

Karfiol varte asi 5 minút, kým nebude mäkký, ale stále chrumkavý. Zmiešame s krevetami, pokvapkáme sójovou omáčkou a sezamovým olejom a premiešame. Pred podávaním vychladnúť.

Šunkové tyčinky so sezamom

Podáva 4

225 g šunky nakrájanej na prúžky
10 ml/2 lyžičky sójovej omáčky
2,5 ml/¬Ω lyžičky sezamového oleja

Rozložte šunku na servírovací tanier. Zmiešajte sójovú omáčku a sezamový olej, posypte šunkou a podávajte.

Studené tofu

Podáva 4

450 g/1 libra tofu, nakrájané na plátky
45 ml/3 lyžice sójovej omáčky
45 ml/3 lyžice arašidového (arašidového) oleja
čerstvo mleté korenie

Umiestnite tofu, niekoľko plátkov naraz, do cedníka a ponorte do vriacej vody na 40 sekúnd, potom sceďte a poukladajte na servírovací tanier. Necháme vychladnúť. Zmiešame sójovú omáčku a olej, posypeme tofu a podávame posypané korením.

Kuracie mäso so slaninou

Podáva 4

225 g/8 oz kuracie mäso, nakrájané na veľmi tenké plátky
75 ml/5 polievkových lyžíc sójovej omáčky
15 ml/1 polievková lyžica ryžového vína alebo suchého sherry
1 strúčik cesnaku, rozdrvený
15 ml/1 polievková lyžica hnedého cukru
5 ml/1 lyžička soli
5 ml/1 lyžička nasekaného koreňa zázvoru
225 g chudej slaniny nakrájanej na kocky
100 g vodných gaštanov nakrájaných na veľmi tenké plátky
30 ml/2 polievkové lyžice medu

Vložte kurča do misy. Zmiešajte 45 ml/3 polievkové lyžice sójovej omáčky s vínom alebo sherry, cesnakom, cukrom, soľou a zázvorom, zalejte kura a nechajte marinovať asi 3 hodiny. Kuracie mäso, slaninu a gaštany navlečte na kebabové špízy. Zvyšnú sójovú omáčku zmiešame s medom a natrieme na kebab. Grilujte (grilujte) na horúcom grile asi 10 minút, kým nie sú upečené, často ich otáčajte a potierajte ich glazúrou.

Kuracie a banánové hranolky

Podáva 4

2 uvarené kuracie prsia
2 pevné banány
6 krajcov chleba
4 vajcia
120 ml/4 fl oz/¬Ω šálka mlieka
50 g/2 oz/¬Ω šálka hladkej múky (univerzálne)
225 g/8 oz/4 šálky čerstvej strúhanky
olej na vyprážanie

Kuracie mäso nakrájame na 24 kusov. Banány ošúpeme a nakrájame pozdĺžne na štvrtiny. Každú štvrtinu nakrájajte na tretiny, aby ste získali 24 kusov. Z chleba odrežte kôrku a nakrájajte na štyri časti. Rozšľaháme vajcia a mlieko a potrieme jednu stranu chleba. Na vajcom potiahnutú stranu každého kúska chleba položte kúsok kuracieho mäsa a kúsok banánu. Štvorce zľahka namáčame v múke, namočíme do vajíčka a obalíme v strúhanke. Opäť ponorte do vajíčka a strúhanky. Rozpálime olej a opekáme po niekoľkých štvorcoch dozlatista. Pred podávaním sceďte na kuchynskom papieri.

Kuracie mäso so zázvorom a hubami

Podáva 4

225 g filé z kuracích pŕs

5 ml/1 čajová lyžička prášku z piatich korení

15 ml/1 polievková lyžica hladkej múky (univerzálne)

120 ml/4 fl oz/¬Ω šálka arašidového (arašidového) oleja

4 šalotky, nakrájané na polovicu

1 strúčik cesnaku, nakrájaný na plátky

1 plátok koreňa zázvoru, nasekaný

25 g/1 oz/¬ šálka kešu oriešok

5 ml/1 čajová lyžička medu

15 ml/1 polievková lyžica ryžovej múky

75 ml/5 lyžíc ryžového vína alebo suchého sherry

100 g šampiňónov nakrájaných na štvrtiny

2,5 ml/¬Ω čajovej lyžičky kurkumy

6 žltých paprík prekrojených na polovicu

5 ml/1 čajová lyžička sójovej omáčky

citrónová šťava

soľ a korenie

4 chrumkavé listy šalátu

Kuracie prsia nakrájajte diagonálne cez zrno na tenké prúžky. Posypeme práškom z piatich korení a zľahka obalíme v múke. Rozpálime 15 ml/1 polievkovú lyžicu oleja a kura opečieme do zlatista. Odstráňte z panvice. Zohrejte ešte trochu oleja a 1 minútu orestujte cibuľu, cesnak, zázvor a kešu oriešky. Pridajte med a miešajte, kým sa zelenina neobalí. Posypeme múkou a pridáme víno alebo sherry. Pridajte huby, šafran a korenie a varte 1 minútu. Pridajte kuracie mäso, sójovú omáčku, polovicu citrónovej šťavy, soľ a korenie a prehrejte. Vyberte z panvice a udržujte v teple. Zohrejte ešte trochu olivového oleja, pridajte listy šalátu a rýchlo opečte, dochuťte soľou, korením a zvyšnou limetkovou šťavou. Listy hlávkového šalátu pouložte na nahriaty tanier, na ne rozložte mäso a zeleninu a podávajte.

Kuracie mäso a šunka

Podáva 4

225 g/8 oz kuracie mäso, nakrájané na veľmi tenké plátky
75 ml/5 polievkových lyžíc sójovej omáčky
15 ml/1 polieková lyžica ryžového vína alebo suchého sherry
15 ml/1 polieková lyžica hnedého cukru
5 ml/1 lyžička nasekaného koreňa zázvoru
1 strúčik cesnaku, rozdrvený
225 g varená šunka nakrájaná na kocky
30 ml/2 polievkové lyžice medu

Vložte kurča do misky so 45 ml/3 polievkovými lyžicami sójovej omáčky, vínom alebo sherry, cukrom, zázvorom a cesnakom. Nechajte 3 hodiny marinovať. Kuracie mäso a šunku navlečte na kebabové špízy. Zvyšnú sójovú omáčku zmiešame s medom a natrieme na kebab. Grilujte na rozpálenom grile asi 10 minút, za častého otáčania a potierania polevou počas pečenia.

Grilované kuracie pečienky

Podáva 4

450 g/1 libra kuracia pečeň
45 ml/3 lyžice sójovej omáčky
15 ml/1 polievková lyžica ryžového vína alebo suchého sherry
15 ml/1 polievková lyžica hnedého cukru
5 ml/1 lyžička soli
5 ml/1 lyžička nasekaného koreňa zázvoru
1 strúčik cesnaku, rozdrvený

Kuracie pečienky povaríme vo vriacej vode 2 minúty a dobre scedíme. Vložte do misy so všetkými zvyšnými ingredienciami okrem oleja a nechajte marinovať asi 3 hodiny. Kuracie pečienky navlečte na kebabové špízy a opekajte na rozpálenom grile asi 8 minút do zlatista.

Krabie guľôčky s vodnými gaštanmi

Podáva 4

450 g/1 libra krabie mäso, nakrájané
100 g nasekaných vodných gaštanov
1 strúčik cesnaku, rozdrvený
1 cm/¬Ω nakrájaný koreň zázvoru, nasekaný
45 ml/3 lyžice kukuričnej múky (kukuričný škrob)
30 ml/2 polievkové lyžice sójovej omáčky
15 ml/1 polievková lyžica ryžového vína alebo suchého sherry
5 ml/1 lyžička soli
5 ml/1 lyžička cukru
3 rozšľahané vajcia
olej na vyprážanie

Všetky suroviny okrem oleja zmiešame a vytvarujeme guľky. Zohrejte olej a opečte krabie guľky dozlatista. Pred podávaním dobre sceďte.

Dim Sum

Podáva 4

100 g lúpaných kreviet, nasekaných
225 g chudého bravčového mäsa nakrájaného nadrobno
50 g čínskej kapusty nakrájanej nadrobno
3 pažítka (pažítka), nasekaná
1 vajce, rozšľahané
30 ml/2 polievkové lyžice kukuričnej múky (kukuričný škrob)
10 ml/2 lyžičky sójovej omáčky
5 ml/1 čajová lyžička sezamového oleja
5 ml/1 čajová lyžička ustricovej omáčky
24 wonton skinov
olej na vyprážanie

Zmiešajte krevety, bravčové mäso, kapustu a cibuľku. Zmiešame vajíčko, kukuričnú múku, sójovú omáčku, sezamový olej a ustricovú omáčku. Umiestnite lyžice zmesi do stredu každej wontonovej kože. Jemne stlačte obaly okolo náplne, okraje zvlňte, ale nechajte vrchy otvorené. Rozohrejte olej a opečte na ňom po niekoľkých porciách do zlatista. Dobre sceďte a podávajte horúce.

Rolky so šunkou a kuracím mäsom

Podáva 4

2 kuracie prsia
1 strúčik cesnaku, rozdrvený
2,5 ml/¬Ω čajovej lyžičky soli
2,5 ml/¬Ω čajovej lyžičky prášku z piatich korení
4 plátky uvarenej šunky
1 vajce, rozšľahané
30 ml/2 polievkové lyžice mlieka
25 g/1 oz/¬ šálka univerzálnej múky
4 šupky z rolky
olej na vyprážanie

Kuracie prsia prekrojíme na polovicu. Brúsiť ich, kým nie sú veľmi jemné. Zmiešajte cesnak, soľ a prášok z piatich korení a posypte kura. Na každý kus kurčaťa položte plátok šunky a pevne ich zrolujte. Zmiešajte vajíčko a mlieko. Kuracie kúsky zľahka obalíme v múke a ponoríme do vaječnej zmesi. Každý kúsok položíme na šupku z rolky a okraje potrieme rozšľahaným vajíčkom. Preložte boky a zrolujte, pričom okraje pritlačte, aby ste utesnili. Rozpálime olej a žemle opekáme asi 5 minút, kým nie sú zlatisté a upečené. Nechajte odkvapkať na kuchynskom papieri a nakrájajte šikmo na hrubé plátky, aby ste mohli podávať.

Recepty na pečenú šunku

Podáva 4

350 g/12 oz/3 šálky hladkej múky (univerzálne)
175 g/6 oz/¬œ šálka masla
120 ml/4 fl oz/¬Ω šálka vody
225 g šunky, nasekaná
100 g bambusových výhonkov, nasekaných
2 pažítka (pažítka), nasekaná
15 ml/1 polievková lyžica sójovej omáčky
30 ml/2 polievkové lyžice sezamových semienok

Múku dáme do misky a vmiešame do masla. Zmiešajte vodu, aby ste vytvorili cesto. Cesto rozvaľkáme a nakrájame na 5 cm/2 kolieska. Zmiešajte všetky zvyšné ingrediencie okrem sezamových semienok a lyžicou nalejte do každého kruhu. Okraje cesta potrieme vodou a uzatvoríme. Zvonku potrieme vodou a posypeme sezamovými semienkami. Pečieme v predhriatej rúre na 180¬∞C/350¬∞F/plyn značka 4 počas 30 minút.

Pseudoúdená ryba

Podáva 4

1 morský vlk
3 plátky koreňa zázvoru, nakrájané na plátky
1 strúčik cesnaku, rozdrvený
1 cibuľa (scallion), nahrubo nakrájaná
75 ml/5 polievkových lyžíc sójovej omáčky
30 ml/2 lyžice ryžového vína alebo suchého sherry
2,5 ml/¬Ω lyžičky mletého anízu
2,5 ml/¬Ω lyžičky sezamového oleja
10 ml/2 lyžičky cukru
120 ml/4 fl oz/¬Ω šálka vývaru
olej na vyprážanie
5 ml/1 čajová lyžička kukuričnej múky (kukuričný škrob)

Rybu odrežte a nakrájajte na 5 mm (¬° in) plátky oproti zrnu. Zmiešajte zázvor, cesnak, pažítku, 60 ml/4 polievkové lyžice sójovej omáčky, sherry, aníz a sezamový olej. Nalejte na rybu a jemne premiešajte. Necháme 2 hodiny odležať, občas otočíme.

Marinádu sceďte na panvicu a rybu osušte na kuchynskom papieri. Do marinády pridajte cukor, vývar a zvyšnú sójovú omáčku, priveďte do varu a varte 1 minútu. Ak omáčka potrebuje zhustnúť, zmiešame kukuričnú múku s trochou studenej vody, vmiešame do omáčky a za stáleho miešania varíme, kým omáčka nezhustne.

Medzitým rozohrejeme olej a rybu opečieme dozlatista. Dobre vysušte. Kúsky ryby namočte do marinády a poukladajte na teplý servírovací tanier. Podávajte teplé alebo studené.

Plnené huby

Podáva 4

12 veľkých klobúkov sušených húb
225 g/8 oz krabie mäso
3 nasekané vodné gaštany
2 pažítka (pažítka), nakrájaná nadrobno
1 vaječný bielok
15 ml/1 polievková lyžica kukuričnej múky (kukuričný škrob)
15 ml/1 polievková lyžica sójovej omáčky
15 ml/1 polievková lyžica ryžového vína alebo suchého sherry

Namočte huby cez noc do teplej vody. Vyžmýkajte dosucha. Zmiešajte zvyšné ingrediencie a použite na naplnenie klobúčikov húb. Položte na tanier a duste 40 minút. Podávajte horúce.

Huby v ustricovej omáčke

Podáva 4

*10 sušených čínskych húb
250 ml/8 fl oz/1 šálka hovädzieho vývaru
15 ml/1 polievková lyžica kukuričnej múky (kukuričný škrob)
30 ml/2 polievkové lyžice ustricovej omáčky
5 ml/1 čajová lyžička ryžového vína alebo suchého sherry*

Huby namočte na 30 minút do teplej vody a sceďte, pričom si odložte 250 ml/8 fl oz/1 šálku namáčacej tekutiny. Stonky vyhoďte. Zmiešajte 60 ml/4 polievkové lyžice mäsového vývaru s kukuričnou múkou, kým nezískate pastu. Zvyšný mäsový vývar prevaríme s hubami a hubovou tekutinou, prikryjeme a dusíme 20 minút. Huby vyberte z tekutiny pomocou štrbinovej lyžice a položte na horúci tanier. Pridajte ustricovú omáčku a sherry na panvicu a varte za stáleho miešania 2 minúty. Primiešame kukuričnú pastu a varíme, miešame, kým omáčka nezhustne. Nalejte na huby a ihneď podávajte.

Bravčové a šalátové rolky

Podáva 4

4 sušené čínske huby
15 ml/1 polievková lyžica arašidového oleja
225 g/8 oz chudé bravčové mäso, mleté
100 g bambusových výhonkov, nasekaných
100 g nasekaných vodných gaštanov
4 nasekané cibuľky (pažítka).
175 g krabie mäso vo vločkách
30 ml/2 lyžice ryžového vína alebo suchého sherry
15 ml/1 polievková lyžica sójovej omáčky
10 ml/2 čajové lyžičky ustricovej omáčky
10 ml/2 čajové lyžičky sezamového oleja
9 čínskych listov

Huby namočíme na 30 minút do teplej vody a scedíme. Vyhoďte stonky a nakrájajte vrcholy. Zahrejte olej a smažte bravčové mäso 5 minút. Pridajte huby, bambusové výhonky, vodné gaštany, cibuľku a krabie mäso a 2 minúty restujte. Zmiešajte víno alebo sherry, sójovú omáčku, ustricovú omáčku a sezamový olej a premiešajte na panvici. Odstráňte z tepla. Medzitým blanšírujte čínske listy vo vriacej vode na 1 minútu a sceďte. Do stredu každého plátu položte lyžice bravčovej zmesi, preložte boky a zrolujte, aby ste mohli podávať.

Bravčové a gaštanové fašírky

Podáva 4

450 g / 1 lb mletého bravčového mäsa (mleté)
50 g šampiňónov nakrájaných nadrobno
50 g/2 oz vodných gaštanov, jemne nasekaných
1 strúčik cesnaku, rozdrvený
1 vajce, rozšľahané
30 ml/2 polievkové lyžice sójovej omáčky
15 ml/1 polievková lyžica ryžového vína alebo suchého sherry
5 ml/1 lyžička nasekaného koreňa zázvoru
5 ml/1 lyžička cukru
soľ
30 ml/2 polievkové lyžice kukuričnej múky (kukuričný škrob)
olej na vyprážanie

Všetky suroviny okrem kukuričnej múky zmiešame a zo zmesi tvarujeme malé guľky. Vyvaľkajte v kukuričnej múke.
Rozpálime olej a fašírky opekáme asi 10 minút dozlatista. Pred podávaním dobre sceďte.

Vepřo knedlo

Podáva 4

450 g/1 lb hladkej múky (univerzálne)
500 ml/17 fl oz/2 šálky vody
450 g / 1 lb varené bravčové mäso, mleté
225 g lúpaných kreviet, nasekaných
4 stonky zeleru, nakrájané
15 ml/1 polievková lyžica sójovej omáčky
15 ml/1 polievková lyžica ryžového vína alebo suchého sherry
15 ml/1 polievková lyžica sezamového oleja
5 ml/1 lyžička soli
2 pažítka (pažítka), nakrájaná nadrobno
2 strúčiky cesnaku, rozdrvené
1 plátok koreňa zázvoru, nasekaný

Miešajte múku a vodu, kým nezískate mäkké cesto a dobre vymiesime. Prikryte a nechajte 10 minút odpočívať. Cesto rozvaľkáme čo najtenšie a nakrájame na 5 cm/2 kolieska. Zmiešajte všetky zvyšné ingrediencie. Na každý kruh dáme po lyžiciach zmes, navlhčíme okraje a uzavrieme do polkruhu. Varte panvicu s vodou a opatrne vložte knedle do vody. Keď knedle vykysnú, pridajte 150 ml/¬°pt/¬æ šálku studenej vody a priveďte vodu do varu. Keď sa halušky opäť zdvihnú, sú uvarené.

Bravčové a teľacie karbonátky

Podáva 4

100 g/4 oz mleté bravčové mäso (mleté)
100 g/4 oz mleté teľacie mäso (mleté)
1 plátok slaniny, nasekaný (mletý)
15 ml/1 polievková lyžica sójovej omáčky
soľ a korenie
1 vajce, rozšľahané
30 ml/2 polievkové lyžice kukuričnej múky (kukuričný škrob)
olej na vyprážanie

Mleté mäso a slaninu zmiešame a dochutíme soľou a korením. Spojíme s vajíčkom, urobíme guľky veľkosti vlašských orechov a posypeme kukuričnou múkou. Rozpálime olej a opečieme dozlatista. Pred podávaním dobre sceďte.

motýľ krevety

Podáva 4

450 g ošúpaných veľkých kreviet
15 ml/1 polievková lyžica sójovej omáčky
5 ml/1 čajová lyžička ryžového vína alebo suchého sherry
5 ml/1 lyžička nasekaného koreňa zázvoru
2,5 ml/¬Ω čajovej lyžičky soli
2 vajcia, rozšľahané
30 ml/2 polievkové lyžice kukuričnej múky (kukuričný škrob)
15 ml/1 polievková lyžica hladkej múky (univerzálne)
olej na vyprážanie

Nakrájajte krevety do polovice chrbta a rozložte ich, aby vytvorili motýľa. Zmiešajte sójovú omáčku, víno alebo sherry, zázvor a soľ. Nalejte krevety a nechajte 30 minút marinovať. Vyberte z marinády a osušte. Vajíčko rozšľaháme s kukuričnou múkou a múkou, kým nám nevznikne cesto a krevety doň ponoríme. Rozpálime olej a opečieme krevety dozlatista. Pred podávaním dobre sceďte.

Čínsky Kamerun

Podáva 4

450 g/1 libra lúpaných kreviet
30 ml/2 polievkové lyžice worcesterskej omáčky
15 ml/1 polievková lyžica sójovej omáčky
15 ml/1 polievková lyžica ryžového vína alebo suchého sherry
15 ml/1 polievková lyžica hnedého cukru

Vložte krevety do misky. Zmiešajte zvyšné ingrediencie, nalejte na krevety a marinujte 30 minút. Preložíme na plech a pečieme v predhriatej rúre pri teplote 150¬∞C/300¬∞F/plyn značka 2 počas 25 minút. Podávajte teplé alebo studené v škrupinách, aby ich hostia mohli olúpať.

Krekry na krevety

Podáva 4

100 g krevetových sušienok
olej na vyprážanie

Olej zohrejte, až kým nebude veľmi horúci. Pridajte hrsť krevetových sušienok naraz a smažte niekoľko sekúnd, kým nie sú nafúknuté. Vyberte z oleja a nechajte odkvapkať na kuchynskom papieri, zatiaľ čo pokračujte v smažení sušienok.

Chrumkavé krevety

Podáva 4

450 g/1 lb lúpaných tigrích kreviet
15 ml/1 polievková lyžica ryžového vína alebo suchého sherry
10 ml/2 lyžičky sójovej omáčky
5 ml/1 čajová lyžička prášku z piatich korení
soľ a korenie
90 ml/6 polievkových lyžíc kukuričnej múky (kukuričný škrob)
2 vajcia, rozšľahané
100 g strúhanky
arašidový olej na vyprážanie

Premiešajte krevety s vínom alebo sherry, sójovou omáčkou a práškom z piatich korení a dochuťte soľou a korením. Namočíme ich do kukuričnej múky a obalíme v rozšľahanom vajci a strúhanke. Vyprážame v horúcom oleji niekoľko minút, kým jemne nezhnedne, scedíme a ihneď podávame.

Krevety so zázvorovou omáčkou

Podáva 4

15 ml/1 polievková lyžica sójovej omáčky
5 ml/1 čajová lyžička ryžového vína alebo suchého sherry
5 ml/1 čajová lyžička sezamového oleja
450 g/1 libra lúpaných kreviet
30 ml/2 polievkové lyžice nasekanej čerstvej petržlenovej vňate
15 ml/1 polievková lyžica vínneho octu
5 ml/1 lyžička nasekaného koreňa zázvoru

Zmiešajte sójovú omáčku, víno alebo sherry a sezamový olej. Nalejte krevety, prikryte a marinujte 30 minút. Krevety grilujte niekoľko minút, kým sa neuvaria, a polejte marinádou. Medzitým zmiešame petržlenovú vňať, vínny ocot a zázvor, ktoré môžeme podávať s krevetami.

Rolky s krevetami a cestovinou

Podáva 4

50 g vaječných rezancov nalámaných na kúsky
15 ml/1 polievková lyžica arašidového oleja
50 g chudého bravčového mäsa nakrájaného nadrobno
100 g nasekaných húb
3 pažítka (pažítka), nasekaná
100 g lúpaných kreviet, nasekaných
15 ml/1 polievková lyžica ryžového vína alebo suchého sherry
soľ a korenie
24 wonton skinov
1 vajce, rozšľahané
olej na vyprážanie

Cestoviny uvaríme vo vriacej vode 5 minút, scedíme a nakrájame. Zahrejte olej a smažte bravčové mäso 4 minúty. Pridajte huby a cibuľu a duste 2 minúty a odstráňte z tepla. Zmiešajte krevety, víno alebo sherry a cestoviny a dochuťte soľou a korením. Do stredu každej wontonovej šupky dáme po lyžiciach zmes a okraje potrieme rozšľahaným vajíčkom. Prehnite okraje a zrolujte balíčky, okraje zalepte. Rozpálime olej a rolky opekáme po niekoľkých asi 5 minút dozlatista. Pred podávaním sceďte na kuchynskom papieri.

Toast s krevetami

Podáva 4

2 vajcia 450 g/1 libra ošúpaných kreviet, nasekaných
15 ml/1 polievková lyžica kukuričnej múky (kukuričný škrob)
1 cibuľu nakrájanú nadrobno
30 ml/2 polievkové lyžice sójovej omáčky
15 ml/1 polievková lyžica ryžového vína alebo suchého sherry
5 ml/1 lyžička soli
5 ml/1 lyžička nasekaného koreňa zázvoru
8 krajcov chleba nakrájaných na trojuholníky
olej na vyprážanie

Zmiešajte 1 vajce so všetkými zvyšnými ingredienciami okrem chleba a oleja. Zmes lyžicou vložíme do chlebových trojuholníkov a natlačíme do kopule. Potrieme zvyšným vajíčkom. Rozpálime asi 5 cm oleja a trojuholníčky chleba opečieme dozlatista. Pred podávaním dobre sceďte.

Bravčové a krevetové wontony so sladkokyslou omáčkou

Podáva 4

120 ml/4 fl oz/¬Ω šálka vody
60 ml/4 lyžice vínneho octu
60 ml/4 polievkové lyžice hnedého cukru
30 ml/2 polievkové lyžice paradajkového pretlaku (pasta)
10 ml/2 čajové lyžičky kukuričnej múky (kukuričný škrob)
25 g nasekaných húb
25 g lúpaných kreviet, nasekaných
50 g/2 oz chudé bravčové mäso, mleté
2 pažítka (pažítka), nasekaná
5 ml/1 čajová lyžička sójovej omáčky
2,5 ml/¬Ω lyžičky strúhaného koreňa zázvoru
1 strúčik cesnaku, rozdrvený
24 wonton skinov
olej na vyprážanie

Zmiešajte vodu, vínny ocot, cukor, paradajkový pretlak a maizenu v malom hrnci. Za stáleho miešania privedieme do varu a varíme 1 minútu. Odstráňte z tepla a udržiavajte v teple.

Zmiešajte huby, krevety, bravčové mäso, cibuľku, sójovú omáčku, zázvor a cesnak. Na každú šupku dáme po lyžiciach plnku, okraje potrieme vodou a pritlačíme, aby sa zapečatilo. Rozohrejte olej a opečte na ňom wontony po niekoľkých do zlatista. Scedíme na kuchynskom papieri a podávame horúce so sladkokyslou omáčkou.

Kurací vývar

Vyrobí 2 litre/3½ bodu/8½ šálky

1,5 kg/2 lb varené alebo surové kuracie kosti
450 g/1 libra bravčových kostí
1 cm/½ kusu koreňa zázvoru
3 cibuľky (scallion), nakrájané na plátky
1 strúčik cesnaku, rozdrvený
5 ml/1 lyžička soli
2,25 litra/4 body/10 šálok vody

Všetky ingrediencie priveďte do varu, prikryte a varte 15 minút. Odstráňte všetok tuk. Prikryjeme a varíme 1 1/2 hodiny. Scedíme, ochladíme a scedíme. Zmrazte v malých množstvách alebo uchovávajte v chladničke a spotrebujte do 2 dní.

Fazuľové klíčky a bravčová polievka

Podáva 4

450 g/1 libra bravčového mäsa na kocky
1,5 l/2½ bodu/6 šálok kuracieho vývaru
5 plátkov koreňa zázvoru
350 g/12 oz fazuľové klíčky
15 ml/1 polievková lyžica soli

Bravčové mäso blanšírujeme vo vriacej vode 10 minút a scedíme. Priveďte vývar do varu a pridajte bravčové mäso a zázvor. Prikryjeme a varíme 50 minút. Pridajte fazuľové klíčky a soľ a varte 20 minút.

Abalone a hubová polievka

Podáva 4

60 ml/4 polievkové lyžice arašidového (arašidového) oleja
100 g chudého bravčového mäsa nakrájaného na prúžky
225 g konzervovaná mušľa nakrájaná na prúžky
100 g šampiňónov nakrájaných na plátky
2 stonky zeleru, nakrájané na plátky
50 g šunky nakrájanej na prúžky
2 cibule, nakrájané na plátky
1,5 l/2½ bodu/6 šálok vody
30 ml/2 lyžice vínneho octu
45 ml/3 lyžice sójovej omáčky
2 plátky koreňa zázvoru, nasekané
soľ a čerstvo mleté korenie
15 ml/1 polievková lyžica kukuričnej múky (kukuričný škrob)
45 ml/3 polievkové lyžice vody

Rozpálime olej a opekáme bravčové mäso, mušle, šampiňóny, zeler, šunku a cibuľu 8 minút. Pridajte vodu a vínny ocot, priveďte do varu, prikryte a varte 20 minút. Pridajte sójovú omáčku, zázvor, soľ a korenie. Kukuričnú múku rozmiešame s vodou na kašu, vmiešame do polievky a za miešania varíme 5 minút, kým polievka nezosvetlí a nezhustne.

Kuracia a špargľová polievka

Podáva 4

100 g kuracieho mäsa, strúhaného
2 bielka
2,5 ml/½ lyžičky soli
30 ml/2 polievkové lyžice kukuričnej múky (kukuričný škrob)
225 g špargle nakrájanej na 5 cm/2 kusy
100 g fazuľových klíčkov
1,5 l/2½ bodu/6 šálok kuracieho vývaru
100 g šampiňónov

Kura zmiešame s bielkom, soľou a kukuričnou múkou a necháme 30 minút odpočívať. Kuracie mäso varte vo vriacej vode asi 10 minút, kým sa neuvarí, a dobre sceďte. Špargľu varíme 2 minúty vo vriacej vode a scedíme. Fazuľové klíčky blanšírujeme vo vriacej vode 3 minúty a scedíme. Do veľkého hrnca nalejte vývar a pridajte kuracie mäso, špargľu, šampiňóny a fazuľové klíčky. Privedieme do varu a dochutíme soľou. Varte niekoľko minút, aby sa chute rozvinuli a kým zelenina nie je mäkká, ale stále chrumkavá.

Mäsová polievka

Podáva 4

225 g/8 oz mleté hovädzie mäso (mleté)
15 ml/1 polievková lyžica sójovej omáčky
15 ml/1 polievková lyžica ryžového vína alebo suchého sherry
15 ml/1 polievková lyžica kukuričnej múky (kukuričný škrob)
1,2 l/2 body/5 šálok kuracieho vývaru
5 ml/1 čajová lyžička feferónkovej omáčky
soľ a korenie
2 vajcia, rozšľahané
6 pažítka (pažítka), nasekaná

Mäso zmiešame so sójovou omáčkou, vínom alebo sherry a kukuričnou múkou. Pridajte do vývaru a pomaly priveďte do varu, miešajte. Pridajte paprikovú omáčku a dochuťte soľou a korením, prikryte a za občasného miešania varte asi 10 minút. Pridáme vajíčka a podávame posypané pažítkou.

Čínska polievka z hovädzieho mäsa a listov

Podáva 4

200 g chudého hovädzieho mäsa nakrájaného na prúžky
15 ml/1 polievková lyžica sójovej omáčky
15 ml/1 polievková lyžica arašidového oleja
1,5 l/2½ bodu/6 šálok hovädzieho vývaru
5 ml/1 lyžička soli
2,5 ml/½ lyžičky cukru
½ hlavy čínskych listov nakrájaných na kúsky

Mäso zmiešame so sójovou omáčkou a olejom a za občasného miešania necháme 30 minút marinovať. Vývar priveďte do varu so soľou a cukrom, pridajte čínske listy a varte asi 10 minút, kým nie sú takmer uvarené. Pridáme mäso a restujeme ďalších 5 minút.

Kapustová polievka

Podáva 4

60 ml/4 polievkové lyžice arašidového (arašidového) oleja
2 cibule, nakrájané
100 g chudého bravčového mäsa nakrájaného na prúžky
225 g čínska kapusta, nakrájaná
10 ml/2 lyžičky cukru
1,2 l/2 body/5 šálok kuracieho vývaru
45 ml/3 lyžice sójovej omáčky
soľ a korenie
15 ml/1 polievková lyžica kukuričnej múky (kukuričný škrob)

Zahrejte olej a opečte cibuľu a bravčové mäso, kým jemne nezhnedne. Pridajte kapustu a cukor a duste 5 minút. Pridajte vývar a sójovú omáčku a dochuťte soľou a korením. Privedieme do varu, prikryjeme a pomaly dusíme 20 minút. Kukuričnú múku rozmiešame s trochou vody, vmiešame do polievky a za stáleho miešania varíme, kým polievka nezhustne a nevyčíri.

Pikantná hovädzia polievka

Podáva 4

45 ml/3 lyžice arašidového (arašidového) oleja
1 strúčik cesnaku, rozdrvený
5 ml/1 lyžička soli
225 g/8 oz mleté hovädzie mäso (mleté)
6 jarných cibuľiek (pažítka), nakrájaných na pásiky
1 červená paprika, nakrájaná na prúžky
1 zelená paprika, nakrájaná na prúžky
225 g kapusty, nakrájanej
1 l/1¾ bodu/4¼ šálky hovädzieho vývaru
30 ml/2 polievkové lyžice slivkovej omáčky
30 ml/2 polievkové lyžice hoisin omáčky
45 ml/3 lyžice sójovej omáčky
2 kusy nasekanej stopky zázvoru
2 vajcia
5 ml/1 čajová lyžička sezamového oleja
225 g namočených čírych cestovín

Zahrejte olivový olej a opečte cesnak a soľ, kým jemne nezhnedne. Pridajte mäso a rýchlo opečte. Pridajte zeleninu a restujte, kým nebude priehľadná. Pridáme vývar, slivkovú omáčku, omáčku hoisin, 30 ml/2

lyžice sójovej omáčky a zázvoru, priveďte do varu a varte 10 minút. Vajcia rozšľaháme so sezamovým olejom a zvyšnou sójovou omáčkou. Pridajte do polievky s rezancami a varte za stáleho miešania, kým sa z vajec nevytvoria vlákna a rezance nezmäknú.

Nebeská polievka

Podáva 4

2 pažítka (pažítka), nasekaná
1 strúčik cesnaku, rozdrvený
30 ml/2 polievkové lyžice nasekanej čerstvej petržlenovej vňate
5 ml/1 lyžička soli
15 ml/1 polievková lyžica arašidového oleja
30 ml/2 polievkové lyžice sójovej omáčky
1,5 l/2½ bodu/6 šálok vody

Zmiešame pažítku, cesnak, petržlenovú vňať, soľ, olej a sójovú omáčku. Vodu privedieme do varu, zalejeme zmesou pažítky a necháme 3 minúty postáť.

Kuracia a bambusová polievka

Podáva 4

2 kuracie stehná
30 ml/2 polievkové lyžice arašidového oleja (arašidový)
5 ml/1 čajová lyžička ryžového vína alebo suchého sherry
1,5 l/2½ bodu/6 šálok kuracieho vývaru
3 pažítka, nakrájaná na plátky
100 g bambusových výhonkov nakrájaných na kúsky
5 ml/1 lyžička nasekaného koreňa zázvoru
soľ

Kurča vykostíme a mäso nakrájame na kúsky. Zahrejte olej a opečte kurča, kým nie je uzavreté zo všetkých strán. Pridajte vývar, cibuľovú cibuľku, bambusové výhonky a zázvor, priveďte do varu a varte asi 20 minút, kým kura nezmäkne. Pred podávaním dochutíme soľou.

Kuracia a kukuričná polievka

Podáva 4

1 l/1¾ bodu/4¼ šálky kuracieho vývaru
100 g kuracieho mäsa, nasekané
200 g smotanovej sladkej kukurice
plátok šunky, nasekaný
rozšľahané vajcia
15 ml/1 polievková lyžica ryžového vína alebo suchého sherry

Vývar a kuracie mäso priveďte do varu, prikryte a duste 15 minút. Pridajte kukuricu a šunku, prikryte a varte 5 minút. Pridajte vajcia a sherry, pomaly miešajte paličkou, aby sa z vajec vytvorili vlákna. Odstráňte z tepla, prikryte a nechajte 3 minúty odpočívať pred podávaním.

Kuracia a zázvorová polievka

Podáva 4

4 sušené čínske huby
1,5 l/2½ bodu/6 šálok vody alebo kuracieho vývaru
225 g kuracieho mäsa nakrájaného na kocky
10 plátkov koreňa zázvoru
5 ml/1 čajová lyžička ryžového vína alebo suchého sherry
soľ

Huby namočíme na 30 minút do teplej vody a scedíme. Stonky vyhoďte. Vodu alebo vývar privedieme do varu so zvyšnými ingredienciami a pomaly varíme asi 20 minút, kým sa kura neuvarí.

Slepačia polievka s čínskymi hubami

Podáva 4

25 g/1 oz sušených čínskych húb
100 g kuracieho mäsa, strúhaného
50 g bambusových výhonkov nasekaných
30 ml/2 polievkové lyžice sójovej omáčky
30 ml/2 lyžice ryžového vína alebo suchého sherry
1,2 l/2 body/5 šálok kuracieho vývaru

Huby namočíme na 30 minút do teplej vody a scedíme. Vyhoďte stonky a odrežte vrcholy. Huby, kuracie mäso a bambusové výhonky blanšírujte vo vriacej vode 30 sekúnd a sceďte. Vložte ich do misky a vmiešajte sójovú omáčku a víno alebo sherry. Nechajte marinovať 1 hodinu. Vývar prevaríme, pridáme kuraciu zmes a marinádu. Dobre premiešajte a varte niekoľko minút, kým nie je kura upečené.

Kuracia a ryžová polievka

Podáva 4

1 l/1¾ bodu/4¼ šálky kuracieho vývaru
225 g/8 oz/1 šálka varenej dlhozrnnej ryže
100 g vareného kuracieho mäsa nakrájaného na prúžky
1 cibuľa, nakrájaná na kolieska
5 ml/1 čajová lyžička sójovej omáčky

Všetky ingrediencie jemne zohrejte do tepla bez toho, aby ste nechali polievku zovrieť.

Kuracia a kokosová polievka

Podáva 4

350 g/12 oz kuracie prsia

soľ

10 ml/2 čajové lyžičky kukuričnej múky (kukuričný škrob)

30 ml/2 polievkové lyžice arašidového oleja (arašidový)

1 zelená paprika, nasekaná

1 l/1¾ bodu/4¼ šálky kokosového mlieka

5 ml/1 lyžička strúhanej citrónovej kôry

12 liči

štipka strúhaného muškátového orieška

soľ a čerstvo mleté korenie

2 lístky medovky

Kuracie prsia nakrájame diagonálne cez zrno na pásiky. Posypeme soľou a obalíme maizenou. Vo woku zohrejte 10 ml/2 ČL oleja, premiešajte a nalejte. Opakujte ešte raz. Zohrejte zvyšný olej a 1 minútu opečte kuracie mäso a papriku. Pridajte kokosové mlieko a priveďte do varu. Pridajte citrónovú kôru a varte 5 minút. Pridáme liči, ochutíme muškátovým oriešKom, soľou a korením a podávame ozdobené melisou.

Mušľová polievka

Podáva 4

2 sušené čínske huby
12 mušlí, namočených a umytých
1,5 l/2½ bodu/6 šálok kuracieho vývaru
50 g bambusových výhonkov nasekaných
50 g/2 oz mangetout (hrášok), na polovicu
2 jarné cibuľky (pumpa), nakrájané na kolieska
15 ml/1 polievková lyžica ryžového vína alebo suchého sherry
štipka čerstvo mletého korenia

Huby namočíme na 30 minút do teplej vody a scedíme. Vyhoďte stonky a rozrežte vrcholy na polovicu. Mušle naparujte asi 5 minút, kým sa neotvoria; vyhoďte všetky, ktoré zostali zatvorené. Odstráňte mušle zo škrupín. Priveďte vývar do varu a pridajte huby, bambusové výhonky, mangetout a cibuľku. Varte odokryté 2 minúty. Pridajte mušle, víno alebo sherry a korenie a varte, kým sa nezahreje.

Vaječná polievka

Podáva 4

1,2 l/2 body/5 šálok kuracieho vývaru
3 rozšľahané vajcia
45 ml/3 lyžice sójovej omáčky
soľ a čerstvo mleté korenie
4 cibuľky (scallion), nakrájané na plátky

Priveďte vývar do varu. Postupne primiešame rozšľahané vajíčka, aby sa rozdelili na vlákna. Pridajte sójovú omáčku a dochuťte soľou a korením. Podávame ozdobené pažítkou.

Polievka s krabmi a hrebenatkami

Podáva 4

4 sušené čínske huby

15 ml/1 polievková lyžica arašidového oleja

1 vajce, rozšľahané

1,5 l/2½ bodu/6 šálok kuracieho vývaru

175 g krabie mäso vo vločkách

100 g lúpaných lastúr, nakrájaných na plátky

100 g bambusových výhonkov nakrájaných na plátky

2 pažítka (pažítka), nasekaná

1 plátok koreňa zázvoru, nasekaný

nejaké uvarené a ošúpané krevety (voliteľné)

45 ml/3 lyžice kukuričnej múky (kukuričný škrob)

90 ml/6 polievkových lyžíc vody

30 ml/2 lyžice ryžového vína alebo suchého sherry

20 ml/4 lyžičky sójovej omáčky

2 bielka

Huby namočíme na 30 minút do teplej vody a scedíme. Stonky vyhoďte a vrcholy nakrájajte na tenké plátky. Rozpálime olej, pridáme vajíčko a panvicu nakloníme tak, aby vajíčko pokrývalo dno. Varte do potom otočte a opečte z druhej strany. Vyberte z panvice, zrolujte a nakrájajte na tenké prúžky.

Varte vývar, pridajte huby, prúžky vajec, krabie mäso, hrebenatky, bambusové výhonky, jarnú cibuľku, zázvor a krevety, ak používate. Priveďte späť do varu. Zmiešajte kukuričnú múku so 60 ml/4 polievkovými lyžicami vody, vínom alebo sherry a sójovou omáčkou a vmiešajte do polievky. Varíme, miešame, kým polievka nezhustne. Bielky vyšľaháme so zvyšnou vodou a zmes pomaly prikvapkáme do polievky za intenzívneho miešania.

Krabia polievka

Podáva 4

90 ml/6 polievkových lyžíc arašidového oleja
3 cibule, nakrájané
225 g bieleho a hnedého krabieho mäsa
1 plátok koreňa zázvoru, nasekaný
1,2 l/2 body/5 šálok kuracieho vývaru
150 ml/¼pt/šálka ryžového vína alebo suchého sherry
45 ml/3 lyžice sójovej omáčky
soľ a čerstvo mleté korenie

Zahrejte olej a opečte cibuľu, kým nebude mäkká, ale nie zlatá. Pridajte krabie mäso a zázvor a duste 5 minút. Pridáme vývar, víno alebo sherry a sójovú omáčku, dochutíme soľou a korením. Priveďte do varu a potom varte 5 minút.

Rybacia polievka

Podáva 4

225 g rybieho filé
1 plátok koreňa zázvoru, nasekaný
15 ml/1 polievková lyžica ryžového vína alebo suchého sherry
30 ml/2 polievkové lyžice arašidového oleja (arašidový)
1,5 l/2½ bodu/6 šálok rybieho vývaru

Rybu nakrájajte na tenké prúžky proti zrnu. Zmiešajte zázvor, víno alebo sherry a olej, pridajte rybu a jemne premiešajte. Nechajte 30 minút marinovať, občas otočte. Vývar privedieme do varu, pridáme rybu a pomaly varíme 3 minúty.

Ryba a šalátová polievka

Podáva 4

225 g filé z bielej ryby
30 ml/2 polievkové lyžice hladkej múky (univerzálne)
soľ a čerstvo mleté korenie
90 ml/6 polievkových lyžíc arašidového oleja
6 cibuliek (scallion), nakrájaných na plátky
100 g hlávkového šalátu, strúhaného
1,2 l/2 body/5 šálok vody
10 ml/2 lyžičky jemne nasekaného koreňa zázvoru
150 ml/¼ pt/štedrá ½ šálky ryžového vína alebo suchého sherry
30 ml/2 polievkové lyžice kukuričnej múky (kukuričný škrob)
30 ml/2 polievkové lyžice nasekanej čerstvej petržlenovej vňate
10 ml/2 čajové lyžičky citrónovej šťavy
30 ml/2 polievkové lyžice sójovej omáčky

Rybu nakrájame na tenké pásiky a obalíme v ochutenej múke. Rozpálime olej a opražíme jarnú cibuľku do mäkka. Pridajte šalát a smažte 2 minúty. Pridajte rybu a varte 4 minúty. Pridajte vodu, zázvor a víno alebo sherry, priveďte do varu, prikryte a varte 5 minút. Kukuričnú múku zmiešame s trochou vody a vmiešame do polievky. Varte za stáleho miešania ďalšie 4 minúty, až kým nebude polievka

očistíme a dochutíme soľou a korením. Podávame posypané petržlenovou vňaťou, citrónovou šťavou a sójovou omáčkou.

Zázvorová polievka s knedľou

Podáva 4

5 cm/2 v kúsku koreňa zázvoru, strúhaného
350 g hnedého cukru
1,5 l/2½ bodu/7 šálok vody
225 g/8 oz/2 šálky ryžovej múky
2,5 ml/½ lyžičky soli
60 ml/4 polievkové lyžice vody

Vložte zázvor, cukor a vodu do panvice a zohrejte, miešajte. Prikryjeme a varíme asi 20 minút. Polievku precedíme a vrátime do panvice.

Medzitým dáme múku a soľ do misy a postupne vmiešame toľko vody, aby vzniklo husté cesto. Zvinieme do malých guľôčok a halušky poukladáme do polievky. Polievku vrátime do varu, prikryjeme a varíme ďalších 6 minút, kým sa halušky nerozvaria.

Horúca a kyslá polievka

Podáva 4

8 sušených čínskych húb
1 l/1¾ bodu/4¼ šálky kuracieho vývaru
100 g kuracieho mäsa nakrájaného na prúžky
100 g bambusových výhonkov nakrájaných na prúžky
100 g/4 oz tofu, nakrájané na prúžky
15 ml/1 polievková lyžica sójovej omáčky
30 ml/2 lyžice vínneho octu
30 ml/2 polievkové lyžice kukuričnej múky (kukuričný škrob)
2 vajcia, rozšľahané
pár kvapiek sezamového oleja

Huby namočíme na 30 minút do teplej vody a scedíme. Stonky vyhoďte a vrcholy nakrájajte na pásiky. Huby, vývar, kuracie mäso, bambusové výhonky a tofu privedieme do varu, prikryjeme a varíme 10 minút. Sójovú omáčku, vínny ocot a kukuričnú múku vymiešame na hladkú pastu, vmiešame do polievky a varíme 2 minúty, kým polievka nie je priehľadná. Pomaly pridávajte vajcia a sezamový olej, miešajte paličkou. Pred podávaním prikryte a nechajte 2 minúty odpočívať.

Hubová polievka

Podáva 4

15 sušených čínskych húb
1,5 l/2½ bodu/6 šálok kuracieho vývaru
5 ml/1 lyžička soli

Namočte huby do teplej vody na 30 minút a sceďte, tekutinu si ponechajte. Vyhoďte stonky a nakrájajte vrcholy na polovicu, ak sú veľké, a vložte ich do veľkej žiaruvzdornej misy. Položte misku na stojan v parnom hrnci. Vývar privedieme do varu, zalejeme hubami, prikryjeme a dusíme 1 hodinu vo vriacej vode. Dochutíme soľou a podávame.

Hubová a kapustová polievka

Podáva 4

25 g/1 oz sušených čínskych húb
15 ml/1 polievková lyžica arašidového oleja
50 g čínskych listov, nasekaných
15 ml/1 polievková lyžica ryžového vína alebo suchého sherry
15 ml/1 polievková lyžica sójovej omáčky
1,2 l/2 body/5 šálok kuracieho alebo zeleninového vývaru
soľ a čerstvo mleté korenie
5 ml/1 čajová lyžička sezamového oleja

Huby namočíme na 30 minút do teplej vody a scedíme. Vyhoďte stonky a odrežte vrcholy. Zahrejte olej a smažte huby a čínske listy 2 minúty, kým nie sú dobre pokryté. Pridajte víno alebo sherry a sójovú omáčku a pridajte vývar. Priveďte do varu, dochuťte soľou a korením a varte 5 minút. Pred podávaním pokvapkáme sezamovým olejom.

Hubová vaječná polievka

Podáva 4

1 l/1¾ bodu/4¼ šálky kuracieho vývaru
30 ml/2 polievkové lyžice kukuričnej múky (kukuričný škrob)
100 g šampiňónov nakrájaných na plátky
1 cibuľa nakrájaná nadrobno
štipka soli
3 kvapky sezamového oleja
2,5 ml/½ čajovej lyžičky sójovej omáčky
1 vajce, rozšľahané

Zmiešajte trochu vývaru s maizenou, potom vmiešajte všetky ingrediencie okrem vajíčka. Priveďte do varu, prikryte a varte 5 minút. Pridajte vajíčko, miešajte paličkou, aby sa z vajca vytvorili vlákna. Pred podávaním odstráňte z tepla a nechajte 2 minúty odpočívať.

Hubová a vodová gaštanová polievka

Podáva 4

1 l/1¾ bodu/4¼ šálky zeleninového vývaru alebo vody
2 cibule, nakrájané nadrobno
5 ml/1 čajová lyžička ryžového vína alebo suchého sherry
30 ml/2 polievkové lyžice sójovej omáčky
225 g šampiňónov
100 g vodných gaštanov, nakrájaných na plátky
100 g bambusových výhonkov nakrájaných na plátky
pár kvapiek sezamového oleja
2 listy šalátu, nakrájané na kúsky
2 jarné cibuľky (pažítka), nakrájané na kúsky

Vodu, cibuľu, víno alebo sherry a sójovú omáčku priveďte do varu, prikryte a duste 10 minút. Pridajte hríby, vodné gaštany a bambusové výhonky, prikryte a nechajte 5 minút variť. Pridajte sezamový olej, listy šalátu a pažítku, odstavte z ohňa, prikryte a nechajte pred podávaním 1 minútu odpočívať.

Bravčové mäso a hubová polievka

Podáva 4

60 ml/4 polievkové lyžice arašidového (arašidového) oleja
1 strúčik cesnaku, rozdrvený
2 cibule, nakrájané na plátky
225 g chudého bravčového mäsa nakrájaného na prúžky
1 stonka zeleru, nakrájaná
50 g šampiňónov nakrájaných na plátky
2 mrkvy, nakrájané na plátky
1,2 l/2 body/5 šálok hovädzieho vývaru
15 ml/1 polievková lyžica sójovej omáčky
soľ a čerstvo mleté korenie
15 ml/1 polievková lyžica kukuričnej múky (kukuričný škrob)

Zahrejte olivový olej a opečte cesnak, cibuľu a bravčové mäso, kým cibuľa nezmäkne a nezhnedne. Pridáme zeler, šampiňóny a mrkvu, prikryjeme a pomaly dusíme 10 minút. Vývar priveďte do varu, pridajte do panvice so sójovou omáčkou a dochuťte soľou a korením. Kukuričnú múku zmiešajte s trochou vody, potom vmiešajte do panvice a varte za stáleho miešania asi 5 minút.

Polievka z bravčového mäsa a žeruchy

Podáva 4

1,5 l/2½ bodu/6 šálok kuracieho vývaru
100 g chudého bravčového mäsa nakrájaného na prúžky
3 stonky zeleru, šikmo nakrájané
2 scallions (scallion), nakrájané na plátky
1 zväzok žeruchy
5 ml/1 lyžička soli

Vývar privedieme do varu, pridáme bravčové mäso a zeler, prikryjeme a dusíme 15 minút. Pridáme jarnú cibuľku, žeruchu a soľ a odkryté varíme asi 4 minúty.

Polievka z bravčového mäsa a uhoriek

Podáva 4

100 g chudého bravčového mäsa, nakrájaného na tenké plátky
5 ml/1 čajová lyžička kukuričnej múky (kukuričný škrob)
15 ml/1 polievková lyžica sójovej omáčky
15 ml/1 polievková lyžica ryžového vína alebo suchého sherry
1 uhorka
1,5 l/2½ bodu/6 šálok kuracieho vývaru
5 ml/1 lyžička soli

Zmiešajte bravčové mäso, kukuričnú múku, sójovú omáčku a víno alebo sherry. Premiešame, aby sa bravčové mäso obalilo. Uhorku ošúpeme a prekrojíme pozdĺžne na polovicu a odstránime jadierka. Nakrájajte nahrubo. Vývar privedieme do varu, pridáme bravčové mäso, prikryjeme a dusíme 10 minút. Pridajte uhorku a varte niekoľko minút, kým nebude priehľadná. Upravte soľ a pridajte trochu viac sójovej omáčky, ak chcete.

Polievka s bravčovými guličkami a rezancami

Podáva 4

50 g ryžových rezancov
225 g/8 oz mleté bravčové mäso (mleté)
5 ml/1 čajová lyžička kukuričnej múky (kukuričný škrob)
2,5 ml/½ lyžičky soli
30 ml/2 polievkové lyžice vody
1,5 l/2½ bodu/6 šálok kuracieho vývaru
1 pažítka (pažítka), nasekaná nadrobno
5 ml/1 čajová lyžička sójovej omáčky

Cestoviny dajte namočiť do studenej vody, kým budete pripravovať mäsové guľky. Zmiešajte bravčové mäso, kukuričnú múku, trochu soli a vody a vytvarujte guľky veľkosti vlašských orechov. Hrniec s vodou privedieme do varu, pridáme knedlo vepřo, prikryjeme a varíme 5 minút. Dobre scedíme a scedíme cestoviny. Vývar privedieme do varu, pridáme bravčové guľky a rezance, prikryjeme a varíme 5 minút. Pridajte cibuľku, sójovú omáčku a zvyšnú soľ a varte ďalšie 2 minúty.

Špenátová a tofu polievka

Podáva 4

1,2 l/2 body/5 šálok kuracieho vývaru
200 g konzervovaných paradajok, scedených a nakrájaných
225 g/8 oz tofu, nakrájané na kocky
225 g nasekaného špenátu
30 ml/2 polievkové lyžice sójovej omáčky
5 ml/1 lyžička hnedého cukru
soľ a čerstvo mleté korenie

Vývar priveďte do varu, pridajte paradajky, tofu a špenát a jemne premiešajte. Vráťte na oheň a varte 5 minút. Pridajte sójovú omáčku a cukor a dochuťte soľou a korením. Pred podávaním povarte 1 minútu.

Polievka z kukurice a krabov

Podáva 4

1,2 l/2 body/5 šálok kuracieho vývaru
200 g sladkej kukurice
soľ a čerstvo mleté korenie
1 vajce, rozšľahané
200 g krabie mäso vo vločkách
3 šalotky, nakrájané

Vývar privedieme do varu, pridáme kukuricu ochutenú soľou a korením. Duste 5 minút. Tesne pred podávaním nalejte vajcia cez vidličku a premiešajte polievku. Podávame posypané krabím mäsom a nakrájanou šalotkou.

sečuánska polievka

Podáva 4

4 sušené čínske huby
1,5 l/2½ bodu/6 šálok kuracieho vývaru
75 ml/5 polievkových lyžíc suchého bieleho vína
15 ml/1 polievková lyžica sójovej omáčky
2,5 ml/½ čajovej lyžičky horúcej omáčky
30 ml/2 polievkové lyžice kukuričnej múky (kukuričný škrob)
60 ml/4 polievkové lyžice vody
100 g chudého bravčového mäsa nakrájaného na prúžky
50 g varenej šunky nakrájanej na prúžky
1 červená paprika, nakrájaná na prúžky
50 g vodných gaštanov nakrájaných na plátky
10 ml/2 lyžičky vínneho octu
5 ml/1 čajová lyžička sezamového oleja
1 vajce, rozšľahané
100 g lúpaných kreviet
6 pažítka (pažítka), nasekaná
175 g/6 oz tofu, na kocky

Huby namočíme na 30 minút do teplej vody a scedíme. Vyhoďte stonky a odrežte vrcholy. Prineste vývar, víno, sóju omáčkou a chilli omáčkou až do varu, prikryjeme a varíme 5 minút. Kukuričnú múku zmiešame s polovicou vody a vmiešame do polievky, miešame, kým polievka nezhustne. Pridajte huby, bravčové mäso, šunku, korenie a vodné gaštany a varte 5 minút. Pridajte vínny ocot a sezamový olej. Vajíčko rozšľaháme so zvyšnou vodou a za stáleho miešania pridáme do polievky. Pridajte krevety, jarnú cibuľku a tofu a pár minút povarte, aby sa prehriali.

Tofu polievka

Podáva 4

1,5 l/2½ bodu/6 šálok kuracieho vývaru
225 g/8 oz tofu, nakrájané na kocky
5 ml/1 lyžička soli
5 ml/1 čajová lyžička sójovej omáčky

Vývar priveďte do varu a pridajte tofu, soľ a sójovú omáčku. Varte niekoľko minút, kým sa tofu neprehreje.

Tofu a rybacia polievka

Podáva 4

225 g filé z bielej ryby, nakrájané na prúžky
150 ml/¼ pt/štedrá ½ šálky ryžového vína alebo suchého sherry
10 ml/2 čajové lyžičky jemne nasekaného koreňa zázvoru
45 ml/3 lyžice sójovej omáčky
2,5 ml/½ lyžičky soli
60 ml/4 polievkové lyžice arašidového (arašidového) oleja
2 cibule, nakrájané
100 g šampiňónov nakrájaných na plátky
1,2 l/2 body/5 šálok kuracieho vývaru
100 g/4 oz tofu, nakrájané na kocky
soľ a čerstvo mleté korenie

Vložte rybu do misky. Zmiešajte víno alebo sherry, zázvor, sójovú omáčku a soľ a nalejte na rybu. Necháme 30 minút marinovať. Zahrejte olej a 2 minúty opečte cibuľu. Pridajte huby a pokračujte v smažení, kým cibuľa nezmäkne, ale nezhnedne. Pridajte rybu a marinádu, priveďte do varu, prikryte a varte 5 minút. Pridáme vývar, privedieme do varu, prikryjeme a dusíme 15 minút. Pridáme tofu a dochutíme soľou a korením. Varíme, kým sa tofu neuvarí.

Paradajková polievka

Podáva 4

400 g konzervovaných paradajok, scedených a nakrájaných
1,2 l/2 body/5 šálok kuracieho vývaru
1 plátok koreňa zázvoru, nasekaný
15 ml/1 polievková lyžica sójovej omáčky
15 ml/1 polievková lyžica čili omáčky
10 ml/2 lyžičky cukru

Všetky ingrediencie dáme na panvicu a za občasného miešania pomaly zohrievame. Pred podávaním varte asi 10 minút.

Paradajková a špenátová polievka

Podáva 4

1,2 l/2 body/5 šálok kuracieho vývaru
225 g konzervovaných sekaných paradajok
225 g/8 oz tofu, nakrájané na kocky
225 g špenátu
30 ml/2 polievkové lyžice sójovej omáčky
soľ a čerstvo mleté korenie
2,5 ml/½ lyžičky cukru
2,5 ml/½ čajovej lyžičky ryžového vína alebo suchého sherry

Vývar priveďte do varu, potom pridajte paradajky, tofu a špenát a varte 2 minúty. Pridajte zvyšné ingrediencie a varte 2 minúty, dobre premiešajte a podávajte.

Repová polievka

Podáva 4

1 l/1¾ bodu/4¼ šálky kuracieho vývaru
1 veľká repa, nakrájaná na tenké plátky
200 g chudého bravčového mäsa, nakrájaného na tenké plátky
15 ml/1 polievková lyžica sójovej omáčky
60 ml/4 polievkové lyžice brandy
soľ a čerstvo mleté korenie
4 šalotky nakrájané nadrobno

Vývar prevaríme, pridáme repku a bravčové mäso, prikryjeme a dusíme 20 minút, kým repa nezmäkne a mäso sa neprepečie. Pridajte sójovú omáčku a brandy podľa chuti. Varíme do horúca posypané šalotkou.

Zeleninová polievka

Podáva 4

6 sušených čínskych húb
1 l/1¾ bodu/4¼ šálky zeleninového vývaru
50 g bambusových výhonkov nakrájaných na prúžky
50 g vodných gaštanov nakrájaných na plátky
8 mangetout (snehový hrášok), nakrájaný na plátky
5 ml/1 čajová lyžička sójovej omáčky

Huby namočíme na 30 minút do teplej vody a scedíme. Stonky vyhoďte a vrcholy nakrájajte na pásiky. Pridajte ich do vývaru s bambusovými výhonkami a vodnými gaštanmi a priveďte do varu, prikryte a varte 10 minút. Pridajte mangetout a sójovú omáčku, prikryte a varte 2 minúty. Pred podávaním necháme 2 minúty odpočívať.

Vegetariánska polievka

Podáva 4

¼ *bielej kapusty*

2 mrkvy

3 stonky zeleru

2 jarné cibuľky (pažítka)

30 ml/2 polievkové lyžice arašidového oleja (arašidový)

1,5 l/2½ bodu/6 šálok vody

15 ml/1 polievková lyžica sójovej omáčky

15 ml/1 polievková lyžica ryžového vína alebo suchého sherry

5 ml/1 lyžička soli

čerstvo mleté korenie

Zeleninu nakrájame na pásiky. Rozpálime olej a zeleninu opekáme 2 minúty, kým nezačne mäknúť. Pridajte zvyšné ingrediencie, priveďte do varu, prikryte a varte 15 minút.

Polievka zo žeruchy

Podáva 4

1 l/1¾ bodu/4¼ šálky kuracieho vývaru
1 cibuľu nakrájanú nadrobno
1 stonka zeleru, nakrájaná nadrobno
225 g žeruchy, nahrubo nasekanej
soľ a čerstvo mleté korenie

Vývar, cibuľu a zeler privedieme do varu, prikryjeme a dusíme 15 minút. Pridajte žeruchu, prikryte a varte 5 minút. Dochutíme soľou a korením.

Vyprážané ryby so zeleninou

Podáva 4

4 sušené čínske huby
4 celé ryby, očistené a zbavené šupín
olej na vyprážanie
30 ml/2 polievkové lyžice kukuričnej múky (kukuričný škrob)
45 ml/3 lyžice arašidového (arašidového) oleja
100 g bambusových výhonkov nakrájaných na prúžky
50 g vodných gaštanov nakrájaných na prúžky
50 g čínskej kapusty, nakrájanej
2 plátky koreňa zázvoru, nasekané
30 ml/2 lyžice ryžového vína alebo suchého sherry
30 ml/2 polievkové lyžice vody
15 ml/1 polievková lyžica sójovej omáčky
5 ml/1 lyžička cukru
120 ml/4 fl oz/¬Ω šálka rybieho vývaru
soľ a čerstvo mleté korenie
¬Ω hlávkový šalát, strúhaný
15 ml/1 polievková lyžica nasekanej petržlenovej vňate

Huby namočíme na 30 minút do teplej vody a scedíme. Vyhoďte stonky a odrežte vrcholy. Posypte rybu na polovicu kukuričnej múky a pretrepte prebytok. Zahrejte olej a rybu smažte asi 12 minút, kým sa neuvaria. Scedíme na kuchynskom papieri a udržiavame v teple.

Zohrejte olivový olej a 3 minúty poduste huby, bambusové výhonky, vodné gaštany a kapustu. Pridajte zázvor, víno alebo sherry, 15 ml/1 PL vody, sójovú omáčku a cukor a 1 minútu restujte. Pridáme vývar, soľ, korenie, privedieme do varu, prikryjeme a varíme 3 minúty. Kukuričnú múku zmiešame so zvyšnou vodou, vmiešame do panvice a za stáleho miešania varíme, kým omáčka nezhustne. Položte šalát na servírovací tanier a položte naň rybu. Prelejeme zeleninou a omáčkou a podávame ozdobené petržlenovou vňaťou.

Pečená celá ryba

Podáva 4,6

1 veľký morský vlk alebo podobná ryba
45 ml/3 lyžice kukuričnej múky (kukuričný škrob)
45 ml/3 lyžice arašidového (arašidového) oleja
1 nakrájanú cibuľu
2 strúčiky cesnaku, rozdrvené
50 g šunky nakrájanej na prúžky
100 g lúpaných kreviet
15 ml/1 polievková lyžica sójovej omáčky
15 ml/1 polievková lyžica ryžového vína alebo suchého sherry
5 ml/1 lyžička cukru
5 ml/1 lyžička soli

Rybu natrieme kukuričnou múkou. Zahrejte olej a opečte cibuľu a cesnak, kým jemne nezhnednú. Pridajte rybu a opečte z oboch strán dozlatista. Rybu preložíme na plát alobalu v pekáči a na vrch položíme šunku a krevety. Do panvice pridajte sójovú omáčku, víno alebo sherry, cukor a soľ a dobre premiešajte. Nalejte na ryby, zatvorte alobal a pečte v predhriatej rúre pri teplote 150¬∞C/300¬∞F/plyn stupeň 2 počas 20 minút.

Dusená sójová ryba

Podáva 4

1 veľký morský vlk alebo podobná ryba

soľ

50 g/2 oz/½ šálka hladkej múky (univerzálne)

60 ml/4 polievkové lyžice arašidového (arašidového) oleja

3 plátky koreňa zázvoru, nasekané

3 pažítka (pažítka), nasekaná

250 ml/8 fl oz/1 šálka vody

45 ml/3 lyžice sójovej omáčky

15 ml/1 polievková lyžica ryžového vína alebo suchého sherry

2,5 ml/½ čajovej lyžičky cukru

Rybu očistite, olúpte a na oboch stranách ju narežte šikmo. Posypte soľou a nechajte 10 minút odpočívať. Rozpálime olej a rybu opečieme z oboch strán dozlatista, raz otočíme a počas pečenia podlievame olejom. Pridajte zázvor, cibuľovú cibuľku, vodu, sójovú omáčku, víno alebo sherry a cukor, priveďte do varu, prikryte a duste 20 minút, kým sa ryba neuvarí. Podávajte teplé alebo studené.

Sójová ryba s ustricovou omáčkou

Podáva 4

1 veľký morský vlk alebo podobná ryba

soľ

60 ml/4 polievkové lyžice arašidového (arašidového) oleja

3 pažítka (pažítka), nasekaná

2 plátky koreňa zázvoru, nasekané

1 strúčik cesnaku, rozdrvený

45 ml/3 lyžice ustricovej omáčky

30 ml/2 polievkové lyžice sójovej omáčky

5 ml/1 lyžička cukru

250 ml/8 fl oz/1 šálka rybieho vývaru

Rybu očistite a odlúpnite a na každej strane niekoľkokrát diagonálne ryjte. Posypte soľou a nechajte 10 minút odpočívať. Väčšiu časť oleja rozohrejeme a rybu opečieme z oboch strán dozlatista, raz otočíme. Medzitým na samostatnej panvici zohrejte zvyšný olej a opečte na ňom jarnú cibuľku, zázvor a cesnak, kým jemne nezhnednú. Pridajte ustricovú omáčku, sójovú omáčku a cukor a duste 1 minútu. Pridajte vývar a priveďte do varu. Zmes vlejeme do zlatej rybky, vrátime do varu, prikryjeme a varíme cca.

15 minút, kým sa ryba neuvarí, počas pečenia raz alebo dvakrát otočte.

Varený morský vlk

Podáva 4

1 veľký morský vlk alebo podobná ryba
2,25 l/4 body/10 šálok vody
3 plátky koreňa zázvoru, nasekané
15 ml/1 polievková lyžica soli
15 ml/1 polievková lyžica ryžového vína alebo suchého sherry
30 ml/2 polievkové lyžice arašidového oleja (arašidový)

Rybu očistite a odlúpnite a na oboch stranách niekoľkokrát šikmo narežte. Vo veľkom hrnci priveďte vodu do varu a pridajte zvyšné ingrediencie. Rybu ponorte do vody, pevne prikryte, vypnite oheň a nechajte 30 minút odpočívať, kým sa ryba neuvarí.

Pečená ryba s hubami

Podáva 4

4 sušené čínske huby
1 veľký kapor alebo podobná ryba
soľ
45 ml/3 lyžice arašidového (arašidového) oleja
2 pažítka (pažítka), nasekaná
1 plátok koreňa zázvoru, nasekaný
3 strúčiky cesnaku, rozdrvené
100 g bambusových výhonkov nakrájaných na prúžky
250 ml/8 fl oz/1 šálka rybieho vývaru
30 ml/2 polievkové lyžice sójovej omáčky
15 ml/1 polievková lyžica ryžového vína alebo suchého sherry
2,5 ml/¬Ω čajovej lyžičky cukru

Huby namočíme na 30 minút do teplej vody a scedíme. Vyhoďte stonky a odrežte vrcholy. Rybu niekoľkokrát šikmo narežte z oboch strán, posypte soľou a nechajte 10 minút odpočívať. Rozpálime olej a rybu opečieme z oboch strán do zhnednutia. Pridajte jarnú cibuľku, zázvor a cesnak a smažte 2 minúty. Pridajte zvyšné ingrediencie, priveďte do varu, prikryte a varte

15 minút, kým sa ryba neuvarí, raz alebo dvakrát otočte a občas premiešajte.

Sladké a kyslé ryby

Podáva 4

1 veľký morský vlk alebo podobná ryba

1 vajce, rozšľahané

50 g kukuričnej múky (kukuričný škrob)

olej na vyprážanie

Na omáčku:

15 ml/1 polievková lyžica arašidového oleja

1 zelená paprika, nakrájaná na prúžky

100 g kúskov ananásu v sirupe

1 cibuľa, nakrájaná na kolieska

100 g/4 oz/¬Ω šálka hnedého cukru

60 ml/4 polievkové lyžice kuracieho vývaru

60 ml/4 lyžice vínneho octu

15 ml/1 polievková lyžica paradajkového pretlaku (pasta)

15 ml/1 polievková lyžica kukuričnej múky (kukuričný škrob)

15 ml/1 polievková lyžica sójovej omáčky

3 pažítka (pažítka), nasekaná

Rybu očistite a ak chcete, odstráňte plutvy a hlavu. Namočte do rozšľahaného vajíčka a potom do kukuričnej múky. Rozpálime olej a rybu opečieme dozlatista. Dobre sceďte a udržujte v teple.

Na omáčku rozohrejeme olivový olej a 4 minúty opekáme papriku, scedený ananás a cibuľu. Pridajte 30 ml/2 polievkové lyžice ananásového sirupu, cukor, bujón, vínny ocot, paradajkový pretlak, kukuričný škrob a sójovú omáčku a za stáleho miešania priveďte do varu. Varte za stáleho miešania, kým omáčka nezosvetlí a nezhustne. Rybu prelejeme a podávame posypané pažítkou.

Bravčové plnené ryby

Podáva 4

1 veľký kapor alebo podobná ryba
soľ
100 g/4 oz mleté bravčové mäso (mleté)
1 pažítka (pažítka), nasekaná
4 plátky koreňa zázvoru, nasekané
15 ml/1 polievková lyžica kukuričnej múky (kukuričný škrob)
60 ml/4 polievkové lyžice sójovej omáčky
15 ml/1 polievková lyžica ryžového vína alebo suchého sherry
5 ml/1 lyžička cukru
75 ml/5 polievkových lyžíc arašidového (arašidového) oleja
2 strúčiky cesnaku, rozdrvené
1 cibuľa, nakrájaná na plátky
300 ml/¬Ω pt/1¬tý pohár vody

Rybu očistíme, ošúpeme a posypeme soľou. Primiešame bravčové mäso, pažítku, trochu zázvoru, kukuričnú múku, 15 ml/1 ČL. sójovej omáčky, vína alebo sherry a cukru a použite na naplnenie rýb. Rozohrejte olej a rybu opečte z oboch strán do zhnednutia, vyberte ju z panvice a vypustite väčšinu oleja. Pridajte zvyšný cesnak a zázvor a opečte, kým jemne nezhnedne. Pridajte zvyšnú sójovú omáčku a vodu, priveďte do varu a varte

2 minúty. Vráťte rybu do panvice, prikryte a varte asi 30 minút, kým sa ryba neuvarí, raz alebo dvakrát otočte.

Okorenený pečený kapor

Podáva 4

1 veľký kapor alebo podobná ryba
150 ml/¬° pt/štedrá ¬Ω šálka arašidového oleja
15 ml/1 polievková lyžica cukru
2 strúčiky cesnaku nakrájané nadrobno
100 g bambusových výhonkov nakrájaných na plátky
150 ml/¬° pt/štedrá ¬Ω šálka rybieho vývaru
15 ml/1 polievková lyžica ryžového vína alebo suchého sherry
15 ml/1 polievková lyžica sójovej omáčky
2 pažítka (pažítka), nasekaná
1 plátok koreňa zázvoru, nasekaný
15 ml/1 polievková lyžica soľ z vínneho octu

Rybu očistite, očistite a namočte na niekoľko hodín do studenej vody. Scedíme a osušíme, potom každú stranu niekoľkokrát nastrúhame. Rozohrejeme olej a rybu opečieme z oboch strán do tuha. Vyberte z panvice a zlejte a odložte bokom všetko okrem 30 ml/2 polievkové lyžice oleja. Pridajte cukor na panvicu a miešajte, kým neztmavne. Pridajte cesnak a bambusové výhonky a dobre premiešajte. Pridajte zvyšné ingrediencie, priveďte do varu, vráťte rybu do panvice, prikryte a varte domäkka asi 15 minút, kým sa ryba neuvarí.

Rybu položíme na teplý tanier a zalejeme omáčkou.

Sladkokyslý kapor

Podáva 4

1 veľký kapor alebo podobná ryba
300 g/11 oz/¬œ šálka kukuričnej múky (kukuričný škrob)
250 ml/8 fl oz/1 šálka rastlinného oleja
30 ml/2 polievkové lyžice sójovej omáčky
5 ml/1 lyžička soli
150 g/5 oz/¬Ω šálka kopcového cukru
75 ml/5 lyžíc vínneho octu
15 ml/1 polievková lyžica ryžového vína alebo suchého sherry
3 cibuľky (pažítka), nasekané nadrobno
1 plátok koreňa zázvoru, jemne nasekaný
250 ml/8 fl oz/1 šálka vriacej vody

Rybu očistite, očistite a namočte na niekoľko hodín do studenej vody. Scedíme a osušíme, potom každú stranu niekoľkokrát nastrúhame. 30 ml/2 polievkové lyžice kukuričnej múky si odložíme a do zvyšnej kukuričnej múky postupne vmiešame toľko vody, aby vzniklo tuhé cesto. Rybu obalíme v cestíčku. Olej zohrejte do veľmi horúceho stavu a rybu opečte zvonku do chrumkava, potom znížte teplotu a pokračujte v smažení, kým ryba nezmäkne. Medzitým vyšľaháme zvyšnú kukuričnú múčku, sójovú omáčku, soľ, cukor, vínny ocot,

víno alebo sherry, pažítka a zázvor. Keď je ryba uvarená, preložíme ju na horúci servírovací tanier. Pridajte zmes omáčky a vodu do oleja a zahrievajte, dobre miešajte, kým omáčka nezhustne. Nalejte na rybu a ihneď podávajte.

Pikantné pečené bravčové mäso

Podáva 4

450 g/1 libra bravčového mäsa na kocky
soľ a korenie
30 ml/2 polievkové lyžice sójovej omáčky
30 ml/2 polievkové lyžice hoisin omáčky
45 ml/3 lyžice arašidového (arašidového) oleja
120 ml/4 fl oz/½ šálky ryžového vína alebo suchého sherry
300 ml/½ pt/1¼ šálky kuracieho vývaru
5 ml/1 čajová lyžička prášku z piatich korení
6 pažítka (pažítka), nasekaná
225 g hlivy ustricovej, nakrájanej na plátky
15 ml/1 polievková lyžica kukuričnej múky (kukuričný škrob)

Mäso dochutíme soľou a korením. Položte na tanier a vmiešajte sójovú omáčku a omáčku hoisin. Prikryjeme a necháme 1 hodinu marinovať. Rozpálime olej a mäso opečieme dozlatista. Pridajte víno alebo sherry, vývar a prášok z piatich korení, priveďte do varu, prikryte a varte 1 hodinu. Pridajte pažítku a huby, odstráňte pokrievku a varte ďalšie 4 minúty. Kukuričnú múku zmiešame s trochou vody, vrátime na oheň a za miešania varíme 3 minúty, kým omáčka nezhustne.

Bravčové buchty na pare

Už je 12

30 ml/2 polievkové lyžice hoisin omáčky
15 ml/1 polievková lyžica ustricovej omáčky
15 ml/1 polievková lyžica sójovej omáčky
2,5 ml/½ čajovej lyžičky sezamového oleja
30 ml/2 polievkové lyžice arašidového oleja (arašidový)
10 ml/2 lyžičky strúhaného koreňa zázvoru
1 strúčik cesnaku, rozdrvený
300 ml/½ pt/1¼ šálky vody
15 ml/1 polievková lyžica kukuričnej múky (kukuričný škrob)
225 g vareného bravčového mäsa, jemne nakrájaného
4 cibuľky (pažítka), nasekané nadrobno
350 g/12 oz/3 šálky hladkej múky (univerzálne)
15 ml/1 polievková lyžica prášku do pečiva
2,5 ml/½ lyžičky soli
50 g/2 oz/½ šálky bravčovej masti
5 ml/1 lyžička vínneho octu
12 x 13 cm/5 v papierových štvorcoch na pečenie

Zmiešajte hoisin, ustricovú a sójovú omáčku a sezamový olej. Zahrejte olej a opečte zázvor a cesnak, kým jemne nezhnednú. Pridajte zmes omáčky a smažte 2 minúty. Zmiešajte 120 ml/4 fl oz/½ šálky vody s kukuričnou múkou a vmiešajte do panvice. Za stáleho miešania priveďte do varu a potom varte, kým zmes nezhustne. Pridajte bravčové mäso a cibuľu a nechajte vychladnúť.

Zmiešame múku, droždie a soľ. Votrite bravčovú masť, kým zmes nebude pripomínať jemnú strúhanku. Zmiešajte vínny ocot a zvyšnú vodu, potom ju vmiešajte do múky, aby ste vytvorili pevné cesto. Na pomúčenej doske zľahka premiesime, prikryjeme a necháme 20 minút odpočívať.

Cesto ešte raz premiesime, rozdelíme na 12 a z každého vytvarujeme guľu. Na pomúčenej doske vyvaľkáme na 15 cm/6 kruhov. Do stredu každého kruhu dáme lyžičky plnky, okraje potrieme vodou a okraje pritlačíme, aby sa plnka uzavrela. Jednu stranu každého štvorca pergamenového papiera potrieme olejom. Každý bochník položte na papierový štvorec švom nadol. Žemle položte v jednej vrstve na parný rošt nad vriacou vodou. Žemle prikryjeme a dusíme asi 20 minút, kým nebudú uvarené.

Bravčové s kapustou

Podáva 4

6 sušených čínskych húb
30 ml/2 polievkové lyžice arašidového oleja (arašidový)
450 g/1 libra bravčového mäsa, nakrájaného na prúžky
2 cibule, nakrájané na plátky
2 červené papriky, nakrájané na prúžky
350 g bielej kapusty, nakrájanej
2 strúčiky cesnaku, nasekané
2 kusy nasekanej stopky zázvoru
30 ml/2 polievkové lyžice medu
45 ml/3 lyžice sójovej omáčky
120 ml/4 fl oz/½ šálky suchého bieleho vína
soľ a korenie
10 ml/2 čajové lyžičky kukuričnej múky (kukuričný škrob)
15 ml/1 polievková lyžica vody

Huby namočíme na 30 minút do teplej vody a scedíme. Vyhoďte stonky a odrežte vrcholy. Zahrejte olej a opečte bravčové mäso, kým jemne nezhnedne. Pridajte zeleninu, cesnak a zázvor a restujte 1 minútu. Pridáme med, sójovú omáčku a víno, privedieme do varu, prikryjeme a dusíme 40 minút, kým sa mäso neuvarí. Dochutíme soľou a korením. Zmiešajte kukuričnú múku a vodu a vmiešajte do panvice. Za stáleho miešania priveďte do varu a potom varte 1 minútu.

Bravčové mäso s kapustou a paradajkami

Podáva 4

30 ml/2 polievkové lyžice arašidového oleja (arašidový)
450 g/1 lb chudé bravčové mäso, nakrájané na prúžky
soľ a čerstvo mleté korenie
1 strúčik cesnaku, rozdrvený
1 cibuľu nakrájanú nadrobno
½ kapusty, nakrájanej
450 g/1 libra paradajok, zbavených kože a nakrájaných na štvrtiny
250 ml/8 fl oz/1 šálka vývaru
30 ml/2 polievkové lyžice kukuričnej múky (kukuričný škrob)
15 ml/1 polievková lyžica sójovej omáčky
60 ml/4 polievkové lyžice vody

Zohrejte olej a opečte bravčové mäso, soľ, korenie, cesnak a cibuľu, kým jemne nezhnednú. Pridáme kapustu, paradajky a vývar, privedieme do varu, prikryjeme a dusíme 10 minút, kým kapusta nezmäkne. Zmiešajte kukuričnú múku, sójovú omáčku a vodu, kým sa nevytvorí pasta, vmiešajte do panvice a varte za stáleho miešania, kým omáčka nie je číra a nezhustne.

Marinované bravčové mäso s kapustou

Podáva 4

350 g/12 oz bravčový bôčik
2 pažítka (pažítka), nasekaná
1 plátok koreňa zázvoru, nasekaný
1 tyčinka škorice
3 klinčeky badiánu
45 ml/3 polievkové lyžice hnedého cukru
600 ml/1 pt/2½ šálky vody
15 ml/1 polievková lyžica arašidového oleja
15 ml/1 polievková lyžica sójovej omáčky
5 ml/1 čajová lyžička paradajkového pretlaku (pasta)
5 ml/1 čajová lyžička ustricovej omáčky
100 g/4 oz srdiečka z čínskej kapusty
100 g/4 oz pak choi

Bravčové mäso nakrájajte na 10 cm/4 kusy a vložte do misy. Pridajte pažítku, zázvor, škoricu, badián, cukor a vodu a nechajte 40 minút odpočívať. Zahrejte olej, vyberte bravčové mäso z marinády a pridajte ho na panvicu. Opečte, kým jemne nezhnedne, potom pridajte sójovú omáčku, paradajkový pretlak a ustricovú omáčku. Priveďte do varu a varte asi 30 minút, kým bravčové mäso nezmäkne a tekutina sa nezredukuje, v prípade potreby pridajte počas varenia trochu vody.

Medzitým podusíme kapustové srdiečka a pak choi vo vriacej vode asi 10 minút, kým nezmäknú. Poukladáme ich na teplý tanier, navrch dáme bravčové mäso a pokvapkáme omáčkou.

Bravčové mäso so zelerom

Podáva 4

45 ml/3 lyžice arašidového (arašidového) oleja
1 strúčik cesnaku, rozdrvený
1 pažítka (pažítka), nasekaná
1 plátok koreňa zázvoru, nasekaný
225 g chudého bravčového mäsa nakrájaného na prúžky
100 g zeleru, nakrájaného na tenké plátky
45 ml/3 lyžice sójovej omáčky
15 ml/1 polievková lyžica ryžového vína alebo suchého sherry
5 ml/1 čajová lyžička kukuričnej múky (kukuričný škrob)

Rozpálime olej a orestujeme cesnak, jarnú cibuľku a zázvor, kým jemne nezhnednú. Pridajte bravčové mäso a opekajte 10 minút dozlatista. Pridajte zeler a restujte 3 minúty. Pridáme ostatné ingrediencie a restujeme 3 minúty.

Bravčové mäso s gaštanmi a šampiňónmi

Podáva 4

4 sušené čínske huby
100 g/4 oz/1 šálka kešu orieškov
30 ml/2 polievkové lyžice arašidového oleja (arašidový)
2,5 ml/½ lyžičky soli
450 g/1 libra chudého bravčového mäsa, nakrájaného na kocky
15 ml/1 polievková lyžica sójovej omáčky
375 ml/13 fl oz/1½ šálky kuracieho vývaru
100 g vodných gaštanov, nakrájaných na plátky

Huby namočíme na 30 minút do teplej vody a scedíme. Vyhoďte stonky a rozrežte vrcholy na polovicu. Gaštany blanšírujeme vo vriacej vode 1 minútu a scedíme. Zahrejte olej a soľ a opečte bravčové mäso, kým nie je mierne hnedé. Pridajte sójovú omáčku a duste 1 minútu. Pridajte vývar a priveďte do varu. Pridáme gaštany a vodné gaštany, vrátime na oheň, prikryjeme a varíme asi 1 a pol hodiny, kým mäso nezmäkne.

Bravčová kotleta

Podáva 4

100 g bambusových výhonkov nakrájaných na prúžky
100 g vodných gaštanov nakrájaných na tenké plátky
60 ml/4 polievkové lyžice arašidového (arašidového) oleja
3 pažítka (pažítka), nasekaná
2 strúčiky cesnaku, rozdrvené
1 plátok koreňa zázvoru, nasekaný
225 g chudého bravčového mäsa nakrájaného na prúžky
45 ml/3 lyžice sójovej omáčky
15 ml/1 polievková lyžica ryžového vína alebo suchého sherry
5 ml/1 lyžička soli
5 ml/1 lyžička cukru
čerstvo mleté korenie
15 ml/1 polievková lyžica kukuričnej múky (kukuričný škrob)

Bambusové výhonky a vodné gaštany blanšírujte vo vriacej vode 2 minúty, potom sceďte a osušte. Zahrejte 45 ml/3 lyžice oleja a opečte na ňom jarnú cibuľku, cesnak a zázvor, kým jemne nezhnednú. Pridajte bravčové mäso a duste 4 minúty. Odstráňte z panvice.

Zvyšný olej rozohrejeme a zeleninu opekáme 3 minúty. Pridajte bravčové mäso, sójovú omáčku, víno alebo sherry, soľ, cukor a štipku korenia a restujte 4 minúty. Kukuričnú múku zmiešame s trochou vody, vmiešame do panvice a za stáleho miešania varíme, kým omáčka nezosvetlí a nezhustne.

Bravčové Yakisoba

Podáva 4

4 sušené čínske huby
30 ml/2 polievkové lyžice arašidového oleja (arašidový)
2,5 ml/½ lyžičky soli
4 nasekané cibuľky (pažítka).
225 g chudého bravčového mäsa nakrájaného na prúžky
15 ml/1 polievková lyžica sójovej omáčky
5 ml/1 lyžička cukru
3 stonky zeleru, nakrájané
1 cibuľa, nakrájaná na kolieska
100 g šampiňónov, na polovicu
120 ml/4 fl oz/½ šálky kuracieho vývaru
mäkké vyprážané rezance

Huby namočíme na 30 minút do teplej vody a scedíme. Vyhoďte stonky a odrežte vrcholy. Rozpálime olej a soľ a opražíme cibuľu do mäkka. Pridajte bravčové mäso a opečte, kým jemne nezhnedne. Zmiešajte sójovú omáčku, cukor, zeler, cibuľu a čerstvé a sušené huby a duste asi 4 minúty, kým sa ingrediencie dobre nepremiešajú. Pridajte vývar a varte 3 minúty. Pridajte polovicu cestovín do panvice a jemne premiešajte, potom pridajte zvyšné cestoviny a miešajte, kým sa nezahrejú.

Pečené bravčové Chow Mein

Podáva 4

100 g fazuľových klíčkov
45 ml/3 lyžice arašidového (arašidového) oleja
100 g čínskej kapusty, nakrájanej
225 g pečené bravčové mäso, nakrájané na plátky
5 ml/1 lyžička soli
15 ml/1 polievková lyžica ryžového vína alebo suchého sherry

Fazuľové klíčky blanšírujeme vo vriacej vode 4 minúty a scedíme. Rozpálime olej a fazuľové klíčky a kapustu opražíme do mäkka. Pridajte bravčové mäso, soľ a sherry a smažte, kým sa nezahreje. Pridajte polovicu scedených cestovín do panvice a jemne miešajte, kým sa nezohrejú. Pridajte zvyšné cestoviny a miešajte, kým sa nezahrejú.

Bravčové mäso s chutney

Podáva 4

5 ml/1 čajová lyžička prášku z piatich korení
5 ml/1 čajová lyžička kari
450 g/1 libra bravčového mäsa, nakrájaného na prúžky
30 ml/2 polievkové lyžice arašidového oleja (arašidový)
6 jarných cibuľiek (pažítka), nakrájaných na pásiky
1 stonka zeleru, nakrájaná na pásiky
100 g fazuľových klíčkov
1 x téglik 200 g čínskych sladkých uhoriek, nakrájaných na kocky
45 ml/3 polievkové lyžice mangového chutney
30 ml/2 polievkové lyžice sójovej omáčky
30 ml/2 polievkové lyžice paradajkového pretlaku (pasta)
150 ml/¼ pt/štedrá ½ šálky kuracieho vývaru
10 ml/2 čajové lyžičky kukuričnej múky (kukuričný škrob)

Korenie dobre votrieme do bravčového mäsa. Zohrejte olej a mäso opekajte 8 minút alebo kým nebude uvarené. Odstráňte z panvice. Pridajte zeleninu do panvice a duste 5 minút. Vráťte bravčové mäso do panvice so všetkými zvyšnými ingredienciami okrem kukuričnej múčky. Miešajte, kým sa nezahreje. Kukuričnú múku zmiešame s trochou vody, vmiešame do panvice a za stáleho miešania varíme, kým omáčka nezhustne.

Bravčové mäso s uhorkou

Podáva 4

225 g chudého bravčového mäsa nakrájaného na prúžky
30 ml/2 polievkové lyžice hladkej múky (univerzálne)
soľ a čerstvo mleté korenie
60 ml/4 polievkové lyžice arašidového (arašidového) oleja
225 g uhorky, ošúpanej a nakrájanej na plátky
30 ml/2 polievkové lyžice sójovej omáčky

Bravčové mäso obalíme v múke a ochutíme soľou a korením. Zohrejte olej a smažte bravčové mäso asi 5 minút, kým sa neuvarí. Pridajte uhorku a sójovú omáčku a duste ďalšie 4 minúty. Skontrolujeme a upravíme korenie a podávame s opraženou ryžou.

Chrumkavé bravčové bravčové bravčové mäso

Podáva 4

4 sušené čínske huby
30 ml/2 polievkové lyžice arašidového oleja (arašidový)
225 g/8 oz bravčové filé, nasekané (mleté)
50 g lúpaných kreviet, nasekaných
15 ml/1 polievková lyžica sójovej omáčky
15 ml/1 polievková lyžica kukuričnej múky (kukuričný škrob)
30 ml/2 polievkové lyžice vody
8 balení jarných závitkov
100 g/4 oz/1 šálka kukuričnej múky (kukuričný škrob)
olej na vyprážanie

Huby namočíme na 30 minút do teplej vody a scedíme. Stonky vyhoďte a vrcholy nasekajte nadrobno. Zohrejte olej a 2 minúty opečte šampiňóny, bravčové mäso, krevety a sójovú omáčku. Zmiešajte kukuričnú múku a vodu, kým sa nevytvorí pasta a vmiešajte do zmesi, aby ste vytvorili náplň.

Obaly nakrájajte na pásiky, na špičku každého dajte trochu plnky a rozvaľkajte na trojuholníky, zapečte trochou zmesi múky a vody. Výdatne posypte maizenou. Rozohrejte olej a opečte trojuholníky, kým nie sú chrumkavé a zlaté. Pred podávaním dobre sceďte.

Bravčové a vaječné rolky

Podáva 4

225 g chudého bravčového mäsa, strúhaného
1 plátok koreňa zázvoru, nasekaný
1 pažítka, nasekaná
15 ml/1 polievková lyžica sójovej omáčky
15 ml/1 polievková lyžica vody
12 šupiek z rolky
1 vajce, rozšľahané
olej na vyprážanie

Zmiešajte bravčové mäso, zázvor, cibuľu, sójovú omáčku a vodu. Do stredu každej šupky dáme trochu plnky a okraje potrieme rozšľahaným vajíčkom. Preložte boky a rolku odvaľkajte smerom od seba, okraje prilepte vajcom. Duste na mriežke v parnom hrnci 30 minút, kým nie je bravčové mäso uvarené. Rozohrejte olej a pár minút smažte, kým nebude chrumkavý a zlatý.

Bravčové a krevetové vaječné rolky

Podáva 4

30 ml/2 polievkové lyžice arašidového oleja (arašidový)
225 g chudého bravčového mäsa, strúhaného
6 pažítka (pažítka), nasekaná
225 g fazuľových klíčkov
100 g lúpaných kreviet, nasekaných
15 ml/1 polievková lyžica sójovej omáčky
2,5 ml/½ lyžičky soli
12 šupiek z rolky
1 vajce, rozšľahané
olej na vyprážanie

Zohrejte olej a opečte bravčové mäso a pažítku, kým jemne nezhnedne. Medzitým blanšírujte fazuľové klíčky vo vriacej vode 2 minúty a sceďte. Do panvice pridajte fazuľové klíčky a smažte 1 minútu. Pridajte krevety, sójovú omáčku a soľ a duste 2 minúty. Necháme vychladnúť.

Do stredu každej šupky dáme trochu plnky a okraje potrieme rozšľahaným vajíčkom. Preložte boky a zrolujte vaječné rolky, okraje prilepte vajcom. Rozpálime olej a vaječné rolky opečieme do chrumkava a dozlatista.

Bravčové pečené s vajíčkami

Podáva 4

450 g/1 libra chudého bravčového mäsa
30 ml/2 polievkové lyžice arašidového oleja (arašidový)
1 nakrájanú cibuľu
90 ml/6 polievkových lyžíc sójovej omáčky
45 ml/3 lyžice ryžového vína alebo suchého sherry
15 ml/1 polievková lyžica hnedého cukru
3 uvarené vajcia (na tvrdo)

Varte panvicu s vodou, pridajte bravčové mäso, vráťte do varu a varte, kým nie je opečené. Vyberte z panvice, dobre sceďte a nakrájajte na kocky. Zahrejte olej a opečte cibuľu, kým nezvädne. Pridajte bravčové mäso a opečte, kým jemne nezhnedne. Pridajte sójovú omáčku, víno alebo sherry a cukor, prikryte a varte 30 minút za občasného miešania. Na vonkajšej strane vajec urobte malé zárezy a pridajte ich do panvice, prikryte a varte ďalších 30 minút.

Ohnivá sviňa

Podáva 4

450 g/1 lb bravčové filé, nakrájané na prúžky
30 ml/2 polievkové lyžice sójovej omáčky
30 ml/2 polievkové lyžice hoisin omáčky
5 ml/1 čajová lyžička prášku z piatich korení
15 ml/1 polievková lyžica papriky
15 ml/1 polievková lyžica hnedého cukru
15 ml/1 polievková lyžica sezamového oleja
30 ml/2 polievkové lyžice arašidového oleja (arašidový)
6 pažítka (pažítka), nasekaná
1 zelená paprika, nakrájaná na kúsky
200 g fazuľových klíčkov
2 plátky ananásu, nakrájané na kocky
45 ml/3 lyžice paradajkového kečupu (catsup)
150 ml/¼ pt/štedrá ½ šálky kuracieho vývaru

Vložte mäso do misy. Zmiešajte sójovú omáčku, omáčku hoisin, prášok z piatich korení, korenie a cukor, nalejte na mäso a nechajte 1 hodinu marinovať. Oleje rozohrejeme a mäso opečieme dozlatista. Odstráňte z panvice. Pridajte zeleninu a smažte 2 minúty. Pridajte ananás, paradajkový kečup a vývar a priveďte do varu. Vráťte mäso na panvicu a pred podávaním ho prehrejte.

Vyprážané bravčové filé

Podáva 4

350 g/12 oz bravčové filé, nakrájané na kocky
15 ml/1 polievková lyžica ryžového vína alebo suchého sherry
15 ml/1 polievková lyžica sójovej omáčky
5 ml/1 čajová lyžička sezamového oleja
30 ml/2 polievkové lyžice kukuričnej múky (kukuričný škrob)
olej na vyprážanie

Zmiešajte bravčové mäso, víno alebo sherry, sójovú omáčku, sezamový olej a kukuričnú krupicu tak, aby sa bravčové mäso obalilo v hustom cestíčku. Rozpálime olej a bravčové mäso opekáme asi 3 minúty do chrumkava. Bravčové mäso vyberieme z panvice, rozohrejeme olej a opäť opekáme asi 3 minúty.

Five Spice Bravčové mäso

Podáva 4

225 g chudého bravčového mäsa
5 ml/1 čajová lyžička kukuričnej múky (kukuričný škrob)
2,5 ml/½ čajovej lyžičky prášku z piatich korení
2,5 ml/½ lyžičky soli
15 ml/1 polievková lyžica ryžového vína alebo suchého sherry
20 ml/2 polievkové lyžice arašidového oleja (arašidový)
120 ml/4 fl oz/½ šálky kuracieho vývaru

Bravčové mäso nakrájajte na tenké plátky. Zmiešajte bravčové mäso s kukuričnou múkou, práškom z piatich korení, soľou a vínom alebo sherry a dobre premiešajte, aby sa bravčové mäso obalilo. Za občasného miešania necháme 30 minút odpočívať. Rozpálime olej, pridáme bravčové mäso a opekáme asi 3 minúty. Pridajte vývar, priveďte do varu, prikryte a varte 3 minúty. Ihneď podávajte.

Voňavé pečené bravčové mäso

Podáva 6-8

1 kus mandarínkovej kôry
45 ml/3 lyžice arašidového (arašidového) oleja
900 g/2 lb chudé bravčové mäso, nakrájané na kocky
250 ml/8 fl oz/1 šálka ryžového vína alebo suchého sherry
120 ml/4 fl oz/½ šálky sójovej omáčky
2,5 ml/½ čajovej lyžičky anízového prášku
½ tyčinky škorice
4 klinčeky
5 ml/1 lyžička soli
250 ml/8 fl oz/1 šálka vody
2 scallions (scallion), nakrájané na plátky
1 plátok koreňa zázvoru, nasekaný

Počas prípravy misky namočte kôru z mandarínky do vody. Zahrejte olej a opečte bravčové mäso, kým jemne nezhnedne. Pridajte víno alebo sherry, sójovú omáčku, anízový prášok, škoricu, klinčeky, soľ a vodu. Priveďte do varu, pridajte kôru z mandarínky, pažítku a zázvor. Zakryte a varte asi 1 1/2 hodiny, kým nezmäkne, za občasného miešania a v prípade potreby pridajte trochu vriacej vody. Pred podávaním odstráňte korenie.

Bravčové mäso s mletým cesnakom

Podáva 4

450 g/1 libra bravčový bôčik, koža
3 plátky koreňa zázvoru
2 pažítka (pažítka), nasekaná
30 ml/2 polievkové lyžice mletého cesnaku
30 ml/2 polievkové lyžice sójovej omáčky
5 ml/1 lyžička soli
15 ml/1 polievková lyžica kuracieho vývaru
2,5 ml/½ čajovej lyžičky chilli oleja
4 vetvičky koriandra

Vložte bravčové mäso na panvicu so zázvorom a jarnou cibuľkou, podlejte vodou, priveďte do varu a varte 30 minút, kým sa neuvarí. Vyberte a dobre sceďte, potom nakrájajte na tenké plátky asi 5 cm/2 štvorce. Plátky poukladajte do kovového sitka. Panvicu s vodou priveďte do varu, pridajte bravčové plátky a varte 3 minúty, kým sa nezohreje. Poukladajte na teplý servírovací tanier. Cesnak, sójovú omáčku, soľ, vývar a čili olej zmiešame a nalejeme na bravčové mäso. Podávame ozdobené koriandrom.

Vyprážané bravčové so zázvorom

Podáva 4

225 g chudého bravčového mäsa
5 ml/1 čajová lyžička kukuričnej múky (kukuričný škrob)
30 ml/2 polievkové lyžice sójovej omáčky
30 ml/2 polievkové lyžice arašidového oleja (arašidový)
1 plátok koreňa zázvoru, nasekaný
1 pažítka (šupka), nakrájaná na plátky
45 ml/3 polievkové lyžice vody
5 ml/1 lyžička hnedého cukru

Bravčové mäso nakrájajte na tenké plátky. Primiešame kukuričnú krupicu, potom posypeme sójovou omáčkou a znova premiešame. Zahrejte olej a opekajte bravčové mäso 2 minúty, kým nebude uzavreté. Pridajte zázvor a cibuľku a restujte 1 minútu. Pridajte vodu a cukor, prikryte a varte asi 5 minút, kým sa neuvarí.

Bravčové mäso so zelenými fazuľkami

Podáva 4

450 g/1 lb zelenej fazuľky, nakrájanej na kúsky
30 ml/2 polievkové lyžice arašidového oleja (arašidový)
2,5 ml/½ lyžičky soli
1 plátok koreňa zázvoru, nasekaný
225 g/8 oz chudé bravčové mäso, mleté (mleté)
120 ml/4 fl oz/½ šálky kuracieho vývaru
75 ml/5 polievkových lyžíc vody
2 vajcia
15 ml/1 polievková lyžica kukuričnej múky (kukuričný škrob)

Fazuľu povaríme asi 2 minúty a scedíme. Rozohrejte olej a pár sekúnd opražte soľ a zázvor. Pridajte bravčové mäso a opečte, kým jemne nezhnedne. Pridajte fazuľu a duste 30 sekúnd, polejte olejom. Pridajte vývar, priveďte do varu, prikryte a varte 2 minúty. Rozšľahajte 30 ml/2 polievkové lyžice vody s vajíčkami a vmiešajte ich do panvice. Zvyšnú vodu zmiešame s kukuričnou múkou. Keď vajcia začnú tuhnúť, primiešame kukuričnú múku a varíme, kým zmes nezhustne. Ihneď podávajte.

Bravčové mäso so šunkou a tofu

Podáva 4

4 sušené čínske huby
5 ml/1 čajová lyžička arašidového (arašidového) oleja
100 g údenej šunky, nakrájanej na plátky
225 g/8 oz tofu, nakrájané na plátky
225 g chudého bravčového mäsa, nakrájaného na plátky
15 ml/1 polievková lyžica ryžového vína alebo suchého sherry
soľ a čerstvo mleté korenie
1 plátok koreňa zázvoru, nasekaný
1 pažítka (pažítka), nasekaná
10 ml/2 čajové lyžičky kukuričnej múky (kukuričný škrob)
30 ml/2 polievkové lyžice vody

Huby namočíme na 30 minút do teplej vody a scedíme. Vyhoďte stonky a rozrežte vrcholy na polovicu. Potrieme žiaruvzdornú misku arašidovým (arašidovým) olejom. Huby, šunku, tofu a bravčové mäso poukladajte vo vrstvách na tanier, bravčové mäso navrch. Podlejeme vínom alebo sherry, soľou a korením, zázvorom a pažítkou. Prikryjeme a dusíme na mriežke nad vriacou vodou asi 45 minút, kým nebude uvarené. Vypustite omáčku z misky bez miešania prísad. Pridajte toľko vody, aby ste získali 250 ml/8 fl oz/1 šálka. Zmiešame maizenu a vodu a vmiešame do omáčky. Vložte do misy a varte za stáleho miešania, kým omáčka nezosvetlí a nezhustne. Bravčovú zmes preložíme na teplý servírovací tanier, prelejeme omáčkou a podávame.

Vyprážané bravčové kebaby

Podáva 4

450 g/1 lb bravčové filé, nakrájané na tenké plátky
100 g varenej šunky, nakrájanej na tenké plátky
6 vodných gaštanov nakrájaných na tenké plátky
30 ml/2 polievkové lyžice sójovej omáčky
30 ml/2 lyžice vínneho octu
15 ml/1 polievková lyžica hnedého cukru
15 ml/1 polievková lyžica ustricovej omáčky
pár kvapiek čili oleja
45 ml/3 lyžice kukuričnej múky (kukuričný škrob)
30 ml/2 lyžice ryžového vína alebo suchého sherry
2 vajcia, rozšľahané
olej na vyprážanie

Striedavo napichajte bravčové mäso, šunku a vodné gaštany na malé špízy. Zmiešajte sójovú omáčku, vínny ocot, cukor, ustricovú omáčku a čili olej. Nalejte na kebab, prikryte a nechajte 3 hodiny marinovať v chladničke. Zmiešajte kukuričnú múku, víno alebo sherry a vajcia, kým nezískate hladké, husté cesto. Kebaby v ceste zatočte, aby sa obalili. Rozpálime olej a kebab opečieme dozlatista.

Pečená bravčová stopka v červenej omáčke

Podáva 4

1 veľká bravčová stopka
1 l/1½ bodu/4¼ šálky vriacej vody
5 ml/1 lyžička soli
120 ml/4 fl oz/½ šálky vínneho octu
120 ml/4 fl oz/½ šálky sójovej omáčky
45 ml/3 polievkové lyžice medu
5 ml/1 čajová lyžička borievok
5 ml/1 lyžička anízu
5 ml/1 lyžička koriandra
60 ml/4 polievkové lyžice arašidového (arašidového) oleja
6 cibuliek (scallion), nakrájaných na plátky
2 mrkvy, nakrájané na tenké plátky
1 stonkový zeler, nakrájaný na plátky
45 ml/3 polievkové lyžice hoisin omáčky
30 ml/2 polievkové lyžice mangového chutney
75 ml/5 polievkových lyžíc paradajkového pretlaku (pasta)
1 strúčik cesnaku, rozdrvený
60 ml/4 polievkové lyžice nasekanej pažítky

Bravčovú stopku privedieme do varu s vodou, soľou, vínnym octom, 45 ml/3 polievkovými lyžicami sójovej omáčky, medom a korením. Pridajte zeleninu, priveďte do varu, prikryte a varte asi 1 1/2 hodiny, kým mäso nezmäkne. Mäso a zeleninu vyberieme z panvice, mäso odrežeme od kosti a nasekáme. Rozpálime olej a mäso opečieme dozlatista. Pridajte zeleninu a duste 5 minút. Pridajte zvyšnú sójovú omáčku, omáčku hoisin, chutney, paradajkový pretlak a cesnak. Priveďte do varu, miešajte a varte 3 minúty. Podávame posypané pažítkou.

Marinované bravčové mäso

Podáva 4

450 g/1 libra chudého bravčového mäsa
1 plátok koreňa zázvoru, nasekaný
1 strúčik cesnaku, rozdrvený
90 ml/6 polievkových lyžíc sójovej omáčky
15 ml/1 polievková lyžica ryžového vína alebo suchého sherry
45 ml/3 lyžice arašidového (arašidového) oleja
1 pažítka (šupka), nakrájaná na plátky
15 ml/1 polievková lyžica hnedého cukru
čerstvo mleté korenie

Bravčové mäso zmiešame so zázvorom, cesnakom, 30 ml/2 PL sójovej omáčky a vínom alebo sherry. Za občasného miešania necháme 30 minút odpočívať, potom mäso vyberieme z marinády. Zahrejte olej a opečte bravčové mäso, kým jemne nezhnedne. Pridáme pažítku, cukor, zvyšnú sójovú omáčku a štipku korenia, prikryjeme a dusíme asi 45 minút, kým sa bravčové neuvarí. Bravčové mäso nakrájame na kocky a podávame.

Marinované bravčové kotlety

Podáva 6

6 bravčových rezňov
1 plátok koreňa zázvoru, nasekaný
1 strúčik cesnaku, rozdrvený
90 ml/6 polievkových lyžíc sójovej omáčky
30 ml/2 lyžice ryžového vína alebo suchého sherry
45 ml/3 lyžice arašidového (arašidového) oleja
2 pažítka (pažítka), nasekaná
15 ml/1 polievková lyžica hnedého cukru
čerstvo mleté korenie

Z bravčových rezňov odrežte kosť a mäso nakrájajte na kocky. Zázvor, cesnak, 30 ml/2 PL sójovej omáčky a víno alebo sherry zmiešame, zalejeme bravčové mäso a za občasného miešania necháme 30 minút marinovať. Vyberte mäso z marinády. Zahrejte olej a opečte bravčové mäso, kým jemne nezhnedne. Pridajte pažítku a restujte 1 minútu. Zvyšnú sójovú omáčku zmiešame s cukrom a štipkou korenia. Zmiešame s omáčkou, privedieme do varu, prikryjeme a dusíme asi 30 minút, kým bravčové mäso nezmäkne.

Bravčové s hubami

Podáva 4

25 g/1 oz sušených čínskych húb
30 ml/2 polievkové lyžice arašidového oleja (arašidový)
1 strúčik cesnaku, nasekaný
225 g chudého bravčového mäsa, nakrájaného na vločky
4 nasekané cibuľky (pažítka).
15 ml/1 polievková lyžica sójovej omáčky
15 ml/1 polievková lyžica ryžového vína alebo suchého sherry
5 ml/1 čajová lyžička sezamového oleja

Huby namočíme na 30 minút do teplej vody a scedíme. Vyhoďte stonky a odrežte vrcholy. Zahrejte olivový olej a opečte cesnak do jemne zlatista. Pridajte bravčové mäso a opečte dozlatista. Pridajte jarnú cibuľku, šampiňóny, sójovú omáčku a víno alebo sherry a restujte 3 minúty. Pridajte sezamový olej a ihneď podávajte.

Dusená sekaná

Podáva 4

450 g / 1 lb mletého bravčového mäsa (mleté)
4 vodné gaštany nakrájané nadrobno
225 g šampiňónov nakrájaných nadrobno
5 ml/1 čajová lyžička sójovej omáčky
soľ a čerstvo mleté korenie
1 vajce, zľahka rozšľahané

Všetky ingrediencie dobre premiešame a zo zmesi vytvarujeme plochý koláč v zapekacej nádobe. Položte misku na rošt v parnom hrnci, prikryte a duste 1 ½ hodiny.

Červené bravčové mäso s hubami

Podáva 4

450 g/1 libra chudého bravčového mäsa, nakrájaného na kocky
250 ml/8 fl oz/1 šálka vody
15 ml/1 polievková lyžica sójovej omáčky
15 ml/1 polievková lyžica ryžového vína alebo suchého sherry
5 ml/1 lyžička cukru
5 ml/1 lyžička soli
225 g šampiňónov

Vložte bravčové mäso a vodu do panvice a priveďte vodu do varu. Prikryte a varte 30 minút, potom sceďte a vývar si odložte. Vráťte bravčové mäso do panvice a pridajte sójovú omáčku. Varte na miernom ohni za stáleho miešania, kým sa sójová omáčka nevstrebe. Pridajte víno alebo sherry, cukor a soľ. Zalejeme odloženým vývarom, privedieme do varu, prikryjeme a varíme asi 30 minút, pričom mäso z času na čas obraciame. Pridajte huby a nechajte variť ďalších 20 minút.

Bravčová palacinka s rezancami

Podáva 4

30 ml/2 polievkové lyžice arašidového oleja (arašidový)
5 ml/2 čajové lyžičky soli
225 g chudého bravčového mäsa nakrájaného na prúžky
225 g čínska kapusta, nakrájaná
100 g bambusových výhonkov, nasekaných
100 g húb nakrájaných na tenké plátky
150 ml/¼ pt/štedrá ½ šálky kuracieho vývaru
10 ml/2 čajové lyžičky kukuričnej múky (kukuričný škrob)
15 ml/1 polievková lyžica ryžového vína alebo suchého sherry
15 ml/1 polievková lyžica vody
makarónová palacinka

Zahrejte olej a opečte soľ a bravčové mäso, kým nie sú mierne hnedé. Pridajte kapustu, bambusové výhonky a šampiňóny a duste 1 minútu. Pridajte vývar, priveďte do varu, prikryte a varte 4 minúty, kým sa bravčové mäso neprevarí. Kukuričnú krupicu zmiešame s vínom alebo sherry a vodou, vmiešame do panvice a varíme za stáleho miešania, kým omáčka nie je číra a nezhustne. Na servírovanie prelejte makarónovú placku.

Bravčové mäso a krevety s rezancami

Podáva 4

30 ml/2 polievkové lyžice arašidového oleja (arašidový)
5 ml/1 lyžička soli
4 nasekané cibuľky (pažítka).
1 strúčik cesnaku, rozdrvený
225 g chudého bravčového mäsa nakrájaného na prúžky
100 g šampiňónov nakrájaných na plátky
4 stonky zeleru, nakrájané na plátky
225 g ošúpaných kreviet
30 ml/2 polievkové lyžice sójovej omáčky
10 ml/1 čajová lyžička kukuričnej múky (kukuričný škrob)
45 ml/3 polievkové lyžice vody
makarónová palacinka

Rozpálime olej a soľ a opražíme cibuľu a cesnak dozlatista. Pridajte bravčové mäso a opečte, kým jemne nezhnedne. Pridajte huby a zeler a duste 2 minúty. Pridajte krevety, posypte sójovou omáčkou a miešajte, kým sa nezahrejú. Zmiešajte kukuričnú múku a vodu, kým sa nevytvorí pasta, vmiešajte do panvice a varte za miešania, kým nebude horúca. Na servírovanie prelejte makarónovú placku.

Bravčové s ustricovou omáčkou

Podáva 4-6

450 g/1 libra chudého bravčového mäsa
15 ml/1 polievková lyžica kukuričnej múky (kukuričný škrob)
10 ml/2 lyžičky ryžového vína alebo suchého sherry
štipka cukru
45 ml/3 lyžice arašidového (arašidového) oleja
10 ml/2 čajové lyžičky vody
30 ml/2 polievkové lyžice ustricovej omáčky
čerstvo mleté korenie
1 plátok koreňa zázvoru, nasekaný
60 ml/4 polievkové lyžice kuracieho vývaru

Bravčové mäso nakrájajte na tenké plátky. Zmiešajte 5 ml/1 ČL kukuričnej múky s vínom alebo sherry, cukrom a 5 ml/1 ČL oleja, pridajte k bravčovému mäsu a dobre premiešajte, aby sa obalilo. Zvyšnú kukuričnú múku zmiešajte s vodou, ustricovou omáčkou a štipkou korenia. Zvyšný olej zohrejte a zázvor 1 minútu opečte. Pridajte bravčové mäso a opečte, kým jemne nezhnedne. Pridajte vývar a zmes vody a ustricovej omáčky, priveďte do varu, prikryte a varte 3 minúty.

Bravčové mäso s arašidmi

Podáva 4

450 g/1 libra chudého bravčového mäsa, nakrájaného na kocky
15 ml/1 polievková lyžica kukuričnej múky (kukuričný škrob)
5 ml/1 lyžička soli
1 vaječný bielok
3 pažítka (pažítka), nasekaná
1 strúčik cesnaku, nasekaný
1 plátok koreňa zázvoru, nasekaný
45 ml/3 lyžice kuracieho vývaru
15 ml/1 polievková lyžica ryžového vína alebo suchého sherry
15 ml/1 polievková lyžica sójovej omáčky
10 ml/2 čajové lyžičky čierneho melasu
45 ml/3 lyžice arašidového (arašidového) oleja
½ uhorky, nakrájanej na kocky
25 g/1 oz/¼ šálky lúpaných arašidov
5 ml/1 čajová lyžička čili oleja

Zmiešajte bravčové mäso s polovicou kukuričnej krupice, soľou a bielkom a dobre premiešajte, aby sa bravčové mäso obalilo. Zvyšnú kukuričnú krupicu zmiešame s jarnou cibuľkou, cesnakom, zázvorom, vývarom, vínom alebo sherry, sójovou omáčkou a melasou. Zohrejte olej a opečte bravčové mäso, kým nie je mierne hnedé, potom ho vyberte z panvice. Pridajte uhorku na panvicu a niekoľko minút restujte. Vráťte bravčové mäso do panvice a zľahka premiešajte. Pridajte koreniacu zmes, priveďte do varu a za stáleho miešania varte, kým omáčka nezosvetlí a nezhustne. Zmiešajte arašidy a čili olej a pred podávaním zohrejte.

Bravčové mäso s paprikou

Podáva 4

45 ml/3 lyžice arašidového (arašidového) oleja
225 g chudého bravčového mäsa na kocky
1 cibuľa, nakrájaná na kocky
2 zelené papriky, nakrájané
½ hlavy čínskych listov nakrájaných na kocky
1 plátok koreňa zázvoru, nasekaný
15 ml/1 polievková lyžica sójovej omáčky
15 ml/1 polievková lyžica cukru
2,5 ml/½ lyžičky soli

Rozpálime olej a bravčové mäso opekáme asi 4 minúty dozlatista. Pridáme cibuľu a restujeme asi 1 minútu. Pridajte papriku a duste 1 minútu. Pridajte čínske listy a smažte 1 minútu. Zmiešajte zvyšné ingrediencie, vmiešajte ich do panvice a smažte ďalšie 2 minúty.

Pikantné bravčové mäso s kyslou uhorkou

Podáva 4

900 g/2 lb bravčové kotlety
30 ml/2 polievkové lyžice kukuričnej múky (kukuričný škrob)
45 ml/3 lyžice sójovej omáčky
30 ml/2 polievkové lyžice sladkého sherry
5 ml/1 čajová lyžička strúhaného koreňa zázvoru
2,5 ml/½ čajovej lyžičky prášku z piatich korení
štipka čerstvo mletého korenia
olej na vyprážanie
60 ml/4 polievkové lyžice kuracieho vývaru
Čínska nakladaná zelenina

Nakrájajte kotlety, odstráňte všetok tuk a kosti. Zmiešajte kukuričnú múku, 30 ml/2 polievkové lyžice sójovej omáčky, sherry, zázvor, prášok z piatich korení a korenie. Nalejte na bravčové mäso a premiešajte, aby sa úplne obalilo. Zakryte a marinujte 2 hodiny za občasného otáčania. Zohrejte olej a opečte bravčové mäso dozlatista a uvarené. Scedíme na kuchynskom papieri. Bravčové mäso nakrájame na hrubé plátky, preložíme na teplý tanier a udržiavame v teple. Zmiešajte vývar a zvyšnú sójovú omáčku v malom hrnci. Priveďte do varu a nalejte na nakrájané bravčové mäso. Podávame ozdobené zmiešanými kyslými uhorkami.

Bravčové mäso so slivkovou omáčkou

Podáva 4

450 g/1 lb dusené bravčové mäso, nakrájané na kocky
2 strúčiky cesnaku, rozdrvené
soľ
60 ml/4 polievkové lyžice paradajkového kečupu (catsup)
30 ml/2 polievkové lyžice sójovej omáčky
45 ml/3 lyžice slivkovej omáčky
5 ml/1 čajová lyžička kari
5 ml/1 lyžička papriky
2,5 ml/½ čajovej lyžičky čerstvo mletého korenia
45 ml/3 lyžice arašidového (arašidového) oleja
6 jarných cibuľiek (pažítka), nakrájaných na pásiky
4 mrkvy, nakrájané na prúžky

Mäso marinujeme s cesnakom, soľou, paradajkovým kečupom, sójovou omáčkou, slivkovou omáčkou, kari, paprikou a korením 30 minút. Rozpálime olej a mäso opečieme, kým jemne nezhnedne. Odstráňte z woku. Zeleninu pridáme do oleja a opekáme do mäkka. Vráťte mäso na panvicu a pred podávaním jemne prehrejte.

Bravčové s krevetami

Podáva 6-8

900 g/2 lb chudé bravčové mäso
30 ml/2 polievkové lyžice arašidového oleja (arašidový)
1 cibuľa, nakrájaná na plátky
1 pažítka (pažítka), nasekaná
2 strúčiky cesnaku, rozdrvené
30 ml/2 polievkové lyžice sójovej omáčky
50 g lúpaných kreviet, nasekaných
(poschodie)
600 ml/1 pt/2½ šálky vriacej vody
15 ml/1 polievková lyžica cukru

Varte panvicu s vodou, pridajte bravčové mäso, prikryte a varte 10 minút. Vyberte z panvice a dobre sceďte a nakrájajte na kocky. Rozohrejeme olej a opražíme na ňom cibuľu, pažítku a cesnak do ľahka zhnednutia. Pridajte bravčové mäso a opečte, kým jemne nezhnedne. Pridajte sójovú omáčku a krevety a duste 1 minútu. Pridajte vriacu vodu a cukor, prikryte a varte asi 40 minút, kým bravčové mäso nezmäkne.

Červené bravčové mäso

Podáva 4

675 g/1½ lb chudé bravčové mäso, nakrájané na kocky
250 ml/8 fl oz/1 šálka vody
1 plátok koreňa zázvoru, rozdrvený
60 ml/4 polievkové lyžice sójovej omáčky
15 ml/1 polievková lyžica ryžového vína alebo suchého sherry
5 ml/1 lyžička soli
10 ml/2 lyžičky hnedého cukru

Vložte bravčové mäso a vodu do panvice a priveďte vodu do varu. Pridáme zázvor, sójovú omáčku, sherry a soľ, prikryjeme a dusíme 45 minút. Pridajte cukor, mäso otočte, prikryte a varte ďalších 45 minút, kým bravčové mäso nezmäkne.

Bravčové mäso v červenej omáčke

Podáva 4

30 ml/2 polievkové lyžice arašidového oleja (arašidový)
225 g/8 oz bravčové obličky, nakrájané na prúžky
450 g/1 libra bravčového mäsa, nakrájaného na prúžky
1 cibuľa, nakrájaná na plátky
4 jarné cibuľky (pažítka), nakrájané na pásiky
2 mrkvy, nakrájané na prúžky
1 stonka zeleru, nakrájaná na pásiky
1 červená paprika, nakrájaná na prúžky
45 ml/3 lyžice sójovej omáčky
45 ml/3 polievkové lyžice suchého bieleho vína
300 ml/½ pt/1¼ šálky kuracieho vývaru
30 ml/2 polievkové lyžice slivkovej omáčky
30 ml/2 lyžice vínneho octu
5 ml/1 čajová lyžička prášku z piatich korení
5 ml/1 lyžička hnedého cukru
15 ml/1 polievková lyžica kukuričnej múky (kukuričný škrob)
15 ml/1 polievková lyžica vody

Zahrejte olej a obličky smažte 2 minúty, potom ich vyberte z panvice. Zohrejte olej a opečte bravčové mäso, kým jemne nezhnedne. Pridajte zeleninu a restujte 3 minúty. Pridajte sójovú omáčku, víno, vývar, slivkovú omáčku, vínny ocot, prášok z piatich korení a cukor, priveďte do varu, prikryte a duste 30 minút, kým sa neuvaria. Pridajte obličky. Zmiešajte kukuričnú múku a vodu a vmiešajte do panvice. Priveďte do varu a za stáleho miešania varte, kým omáčka nezhustne.

Bravčové mäso s ryžovými rezancami

Podáva 4

4 sušené čínske huby
100 g ryžových rezancov
225 g chudého bravčového mäsa nakrájaného na prúžky
15 ml/1 polievková lyžica kukuričnej múky (kukuričný škrob)
15 ml/1 polievková lyžica sójovej omáčky
15 ml/1 polievková lyžica ryžového vína alebo suchého sherry
45 ml/3 lyžice arašidového (arašidového) oleja
2,5 ml/½ lyžičky soli
1 plátok koreňa zázvoru, nasekaný
2 stonky zeleru, nakrájané
120 ml/4 fl oz/½ šálky kuracieho vývaru
2 scallions (scallion), nakrájané na plátky

Huby namočíme na 30 minút do teplej vody a scedíme. Vyhoďte stonky a odrežte vrcholy. Cestoviny namočíme na 30 minút do teplej vody, scedíme a nakrájame na 5 cm/2 kusy. Vložte bravčové mäso do misy. Kukuričnú krupicu, sójovú omáčku a víno alebo sherry zmiešame, nalejeme na bravčové mäso a premiešame. Zahrejte olej a niekoľko sekúnd opečte soľ a zázvor. Pridajte bravčové mäso a opečte, kým jemne nezhnedne. Pridajte huby a zeler a duste 1 minútu. Pridajte vývar, priveďte do varu, prikryte a varte 2 minúty. Pridajte rezance a zahrievajte 2 minúty. Pridajte jarnú cibuľku a ihneď podávajte.

Bohaté bravčové knedlo

Podáva 4

450 g / 1 lb mletého bravčového mäsa (mleté)
100 g tofu, pyré
4 vodné gaštany nakrájané nadrobno
soľ a čerstvo mleté korenie
120 ml/4 fl oz/½ šálky arašidového (arašidového) oleja
1 plátok koreňa zázvoru, nasekaný
600 ml/1 pt/2½ šálky kuracieho vývaru
15 ml/1 polievková lyžica sójovej omáčky
5 ml/1 lyžička hnedého cukru
5 ml/1 čajová lyžička ryžového vína alebo suchého sherry

Bravčové mäso, tofu a gaštany zmiešame a dochutíme soľou a korením. Formujte veľké gule. Rozpálime olej a knedľu zo všetkých strán opečieme dozlatista a vyberieme z panvice. Sceďte všetko okrem 15 ml/1 polievkovú lyžicu oleja a pridajte zázvor, vývar, sójovú omáčku, cukor a víno alebo sherry. Vráťte bravčové guľky do panvice, priveďte do varu a pomaly varte 20 minút, kým sa neuvaria.

Pečené bravčové kotlety

Podáva 4

4 bravčové kotlety
75 ml/5 polievkových lyžíc sójovej omáčky
olej na vyprážanie
100 g zeleru
3 pažítka (pažítka), nasekaná
1 plátok koreňa zázvoru, nasekaný
15 ml/1 polievková lyžica ryžového vína alebo suchého sherry
120 ml/4 fl oz/½ šálky kuracieho vývaru
soľ a čerstvo mleté korenie
5 ml/1 čajová lyžička sezamového oleja

Bravčové kotlety namočte do sójovej omáčky, kým nie sú dobre pokryté. Rozpálime olej a kotlety opečieme dozlatista. Vyberte a dobre sceďte. Umiestnite zeler na spodok plytkej nádoby na pečenie. Posypeme jarnou cibuľkou a zázvorom a navrch poukladáme bravčové rezne. Zalejeme vínom alebo sherry a vývarom a dochutíme soľou a korením. Pokvapkáme sezamovým olejom. Pečieme v predhriatej rúre na 200°C/400°C/plyn 6 po dobu 15 minút.

Ochutené bravčové mäso

Podáva 4

1 uhorka, nakrájaná na kocky

soľ

450 g/1 libra chudého bravčového mäsa, nakrájaného na kocky

5 ml/1 lyžička soli

45 ml/3 lyžice sójovej omáčky

30 ml/2 lyžice ryžového vína alebo suchého sherry

30 ml/2 polievkové lyžice kukuričnej múky (kukuričný škrob)

15 ml/1 polievková lyžica hnedého cukru

60 ml/4 polievkové lyžice arašidového (arašidového) oleja

1 plátok koreňa zázvoru, nasekaný

1 strúčik cesnaku, nasekaný

1 červená chilli papričká zbavená semienok a nasekaná

60 ml/4 polievkové lyžice kuracieho vývaru

Uhorku posypte soľou a odložte. Zmiešajte bravčové mäso, soľ, 15 ml/1 ČL sójovej omáčky, 15 ml/1 ČL vína alebo sherry, 15 ml/1 ČL kukuričnej múky, hnedý cukor a 15 ml/1 ČL olivového oleja. Necháme 30 minút odležať a mäso vyberieme z marinády. Zohrejte zvyšný olej a opečte bravčové mäso, kým jemne nezhnedne. Pridajte zázvor, cesnak a korenie a restujte 2 minúty. Pridajte uhorku a restujte 2 minúty. Zmiešajte vývar a zvyšnú sójovú omáčku, víno alebo sherry a kukuričnú múku do marinády. Toto vmiešame do panvice a za stáleho miešania privedieme do varu. Varíme za stáleho miešania, kým omáčka nezosvetlí a nezhustne a ďalej dusíme, kým sa mäso neprepečie.

Klzké bravčové plátky

Podáva 4

225 g chudého bravčového mäsa, nakrájaného na plátky
2 bielka
15 ml/1 polievková lyžica kukuričnej múky (kukuričný škrob)
45 ml/3 lyžice arašidového (arašidového) oleja
50 g/2 oz bambusové výhonky, nakrájané na plátky
6 pažítka (pažítka), nasekaná
2,5 ml/½ lyžičky soli
15 ml/1 polievková lyžica ryžového vína alebo suchého sherry
150 ml/¼ pt/štedrá ½ šálky kuracieho vývaru

Zmiešajte bravčové mäso s bielkami a kukuričnou múkou, kým sa dobre nepotiahne. Zohrejte olej a opečte bravčové mäso, kým nie je mierne hnedé, potom ho vyberte z panvice. Pridajte bambusové výhonky a jarnú cibuľku a restujte 2 minúty. Vráťte bravčové mäso do panvice so soľou, vínom alebo sherry a kuracím vývarom. Priveďte do varu a za miešania varte 4 minúty, kým sa bravčové mäso neprevarí.

Bravčové mäso so špenátom a mrkvou

Podáva 4

225 g chudého bravčového mäsa

2 mrkvy, nakrájané na prúžky

225 g špenátu

45 ml/3 lyžice arašidového (arašidového) oleja

1 pažítka (pažítka), nasekaná nadrobno

15 ml/1 polievková lyžica sójovej omáčky

2,5 ml/½ lyžičky soli

10 ml/2 čajové lyžičky kukuričnej múky (kukuričný škrob)

30 ml/2 polievkové lyžice vody

Bravčové mäso nakrájajte na tenké plátky a nakrájajte na pásiky. Mrkvu povarte asi 3 minúty a sceďte. Listy špenátu prekrojíme na polovice. Rozpálime olej a opražíme pažítku dosklovita. Pridajte bravčové mäso a opečte, kým jemne nezhnedne. Pridajte mrkvu a sójovú omáčku a duste 1 minútu. Pridajte soľ a špenát a duste asi 30 sekúnd, kým nezačne mäknúť. Zmiešajte kukuričnú múku a vodu, kým sa nevytvorí pasta, vmiešajte do omáčky a opečte do svetlej farby a ihneď podávajte.

Dusené bravčové mäso

Podáva 4

450 g/1 libra chudého bravčového mäsa, nakrájaného na kocky
120 ml/4 fl oz/½ šálky sójovej omáčky
120 ml/4 fl oz/½ šálky ryžového vína alebo suchého sherry
15 ml/1 polievková lyžica hnedého cukru

Zmiešajte všetky ingrediencie a vložte do tepelne odolnej misky. Duste na grile nad vriacou vodou asi 1 1/2 hodiny, kým sa neuvarí.

Vyprážané bravčové mäso

Podáva 4

25 g/1 oz sušených čínskych húb
15 ml/1 polievková lyžica arašidového oleja
450 g/1 libra chudého bravčového mäsa, nakrájaného na plátky
1 zelená paprika, nakrájaná na kocky
15 ml/1 polievková lyžica sójovej omáčky
15 ml/1 polievková lyžica ryžového vína alebo suchého sherry
5 ml/1 lyžička soli
5 ml/1 čajová lyžička sezamového oleja

Huby namočíme na 30 minút do teplej vody a scedíme. Vyhoďte stonky a odrežte vrcholy. Zahrejte olej a opečte bravčové mäso, kým jemne nezhnedne. Pridajte korenie a duste 1 minútu. Pridajte šampiňóny, sójovú omáčku, víno alebo sherry a soľ a pár minút restujte, kým nie je mäso prepečené. Pred podávaním vmiešame sezamový olej.

Bravčové mäso so sladkými zemiakmi

Podáva 4

olej na vyprážanie
2 veľké sladké zemiaky, nakrájané na mesiačiky
30 ml/2 polievkové lyžice arašidového oleja (arašidový)
1 plátok koreňa zázvoru, nakrájaný na plátky
1 cibuľa, nakrájaná na plátky
450 g/1 libra chudého bravčového mäsa, nakrájaného na kocky
15 ml/1 polievková lyžica sójovej omáčky
2,5 ml/½ lyžičky soli
čerstvo mleté korenie
250 ml/8 fl oz/1 šálka kuracieho vývaru
30 ml/2 polievkové lyžice kari

Rozpálime olej a batáty opečieme dozlatista. Vyberte z panvice a dobre sceďte. Zahrejte arašidový (arašidový) olej a orestujte zázvor a cibuľu, kým jemne nezhnednú. Pridajte bravčové mäso a opečte, kým jemne nezhnedne. Pridajte sójovú omáčku, soľ a štipku korenia, potom vmiešajte vývar a kari, priveďte do varu a za stáleho miešania varte 1 minútu. Pridajte hranolky, prikryte a varte 30 minút, kým nie je bravčové mäso uvarené.

Bravčové mäso horkosladké

Podáva 4

450 g/1 libra chudého bravčového mäsa, nakrájaného na kocky

15 ml/1 polievková lyžica ryžového vína alebo suchého sherry

15 ml/1 polievková lyžica arašidového oleja

5 ml/1 čajová lyžička kari

1 vajce, rozšľahané

soľ

100 g kukuričnej múky (kukuričný škrob)

olej na vyprážanie

1 strúčik cesnaku, rozdrvený

75 g/3 oz/½ šálky cukru

50 g paradajkového kečupu (mačka)

5 ml/1 lyžička vínneho octu

5 ml/1 čajová lyžička sezamového oleja

Zmiešajte bravčové mäso s vínom alebo sherry, olivovým olejom, kari, vajcom a trochou soli. Miešajte kukuričnú múku, kým sa bravčové mäso neobalí v cestíčku. Zohrejte olej do údenia a niekoľkokrát pridajte bravčové kocky. Smažte asi 3 minúty, sceďte a odstavte. Rozohrejeme olej a kocky opäť opekáme asi 2 minúty. Odstráňte a sceďte. Cesnak, cukor, paradajkový kečup a vínny ocot zohrejeme a miešame, kým sa cukor nerozpustí. Priveďte do varu, potom pridajte bravčové kocky a dobre premiešajte. Pridajte sezamový olej a podávajte.

Slané bravčové mäso

Podáva 4

30 ml/2 polievkové lyžice arašidového oleja (arašidový)
450 g/1 libra chudého bravčového mäsa, nakrájaného na kocky
3 cibuľky (scallion), nakrájané na plátky
2 strúčiky cesnaku, rozdrvené
1 plátok koreňa zázvoru, nasekaný
250 ml/8 fl oz/1 šálka sójovej omáčky
30 ml/2 lyžice ryžového vína alebo suchého sherry
30 ml/2 polievkové lyžice hnedého cukru
5 ml/1 lyžička soli
600 ml/1 pt/2½ šálky vody

Rozpálime olej a bravčové mäso opečieme dozlatista. Prebytočný olej scedíme, pridáme jarnú cibuľku, cesnak a zázvor a restujeme 2 minúty. Pridajte sójovú omáčku, víno alebo sherry, cukor a soľ a dobre premiešajte. Pridajte vodu, priveďte do varu, prikryte a varte 1 hodinu.

Bravčové mäso s tofu

Podáva 4

450 g/1 libra chudého bravčového mäsa
45 ml/3 lyžice arašidového (arašidového) oleja
1 cibuľa, nakrájaná na plátky
1 strúčik cesnaku, rozdrvený
225 g/8 oz tofu, nakrájané na kocky
375 ml/13 fl oz/1½ šálky kuracieho vývaru
15 ml/1 polievková lyžica hnedého cukru
60 ml/4 polievkové lyžice sójovej omáčky
2,5 ml/½ lyžičky soli

Vložte bravčové mäso do panvice a zakryte vodou. Priveďte do varu a potom varte 5 minút. Scedíme a necháme vychladnúť a nakrájame na kocky.

Zahrejte olej a opečte cibuľu a cesnak, kým jemne nezhnednú. Pridajte bravčové mäso a opečte, kým jemne nezhnedne. Pridajte tofu a jemne miešajte, kým sa nepokryje olejom. Pridajte vývar, cukor, sójovú omáčku a soľ, priveďte do varu, prikryte a varte asi 40 minút, kým bravčové mäso nezmäkne.

Jemné bravčové mäso

Podáva 4

225 g bravčové filé nakrájané na kocky
1 vaječný bielok
30 ml/2 lyžice ryžového vína alebo suchého sherry
soľ
225 g kukuričnej múky (kukuričný škrob)
olej na vyprážanie

Zmiešajte bravčové mäso s bielkom, vínom alebo sherry a trochou soli. Postupne zapracujte toľko maizeny, aby vzniklo husté cesto. Rozpálime olej a bravčové mäso opečieme zvonka dozlatista a chrumkava a zvnútra mäkké.

Prasa dvakrát

Podáva 4

225 g chudého bravčového mäsa
45 ml/3 lyžice arašidového (arašidového) oleja
2 zelené papriky, nakrájané na kúsky
2 strúčiky cesnaku, nasekané
2 scallions (scallion), nakrájané na plátky
15 ml/1 polievková lyžica horúcej fazuľovej omáčky
15 ml/1 polievková lyžica kuracieho vývaru
5 ml/1 lyžička cukru

Vložte kus bravčového mäsa do panvice, zakryte vodou, priveďte do varu a varte 20 minút, kým sa neuvarí. Vyberte a sceďte a nechajte vychladnúť. Nakrájajte na tenko.

Zahrejte olej a opečte bravčové mäso, kým jemne nezhnedne. Pridajte papriku, cesnak a pažítku a restujte 2 minúty. Odstráňte z panvice. Pridajte fazuľovú omáčku, vývar a cukor do panvice a varte za stáleho miešania 2 minúty. Vráťte bravčové mäso a papriku a smažte, kým sa nezahreje. Podávajte naraz.

Bravčové mäso so zeleninou

Podáva 4

2 strúčiky cesnaku, rozdrvené

5 ml/1 lyžička soli

2,5 ml/½ čajovej lyžičky čerstvo mletého korenia

30 ml/2 polievkové lyžice arašidového oleja (arašidový)

30 ml/2 polievkové lyžice sójovej omáčky

225 g ružičiek brokolice

200 g ružičiek karfiolu

1 červená paprika, nakrájaná na kocky

1 nakrájanú cibuľu

2 pomaranče, olúpané a nakrájané na kocky

1 kus stonky zázvoru, nasekaný

30 ml/2 polievkové lyžice kukuričnej múky (kukuričný škrob)

300 ml/½ pt/1 ¼ šálky vody

20 ml/2 lyžice vínneho octu

15 ml/1 polievková lyžica medu

štipka mletého zázvoru

2,5 ml/½ lyžičky rasce

Do mäsa roztlačíme cesnak, soľ a korenie. Rozpálime olej a mäso opečieme, kým jemne nezhnedne. Odstráňte z panvice. Pridajte sójovú omáčku a zeleninu na panvicu a smažte, kým nebude mäkká, ale stále chrumkavá. Pridajte pomaranče a zázvor. Zmiešajte kukuričnú múku a vodu a vmiešajte do panvice s vínnym octom, medom, zázvorom a rascou. Priveďte do varu a varte za stáleho miešania 2 minúty. Vráťte bravčové mäso do panvice a pred podávaním ho prehrejte.

Bravčové mäso s vlašskými orechmi

Podáva 4

50 g/2 oz/½ šálky vlašských orechov
225 g chudého bravčového mäsa nakrájaného na prúžky
30 ml/2 polievkové lyžice hladkej múky (univerzálne)
30 ml/2 polievkové lyžice hnedého cukru
30 ml/2 polievkové lyžice sójovej omáčky
olej na vyprážanie
15 ml/1 polievková lyžica arašidového oleja

Orechy blanšírujeme vo vriacej vode 2 minúty a scedíme. Zmiešajte bravčové mäso s múkou, cukrom a 15 ml/ 1 polievková lyžica sójovej omáčky, kým nebude dobre obalená. Rozpálime olej a bravčové mäso opečieme do chrumkava a dozlatista. Scedíme na kuchynskom papieri. Arašidový (arašidový) olej rozohrejeme a orechy opražíme dozlatista. Pridajte bravčové mäso na panvicu, posypte zvyšnou sójovou omáčkou a smažte, kým sa nezahreje.

Bravčové wontony

Podáva 4

450 g / 1 lb mletého bravčového mäsa (mleté)
1 pažítka (pažítka), nasekaná
225 g zmiešanej zeleniny, nakrájanej
30 ml/2 polievkové lyžice sójovej omáčky
5 ml/1 lyžička soli
40 wonton skinov
olej na vyprážanie

Zohrejte panvicu a opečte bravčové mäso a pažítku, kým jemne nezhnedne. Odstráňte z tepla a vmiešajte zeleninu, sójovú omáčku a soľ.

Ak chcete zložiť wontony, chyťte kožu do dlane ľavej ruky a do stredu vložte výplň. Okraje navlhčite vajíčkom a zložte kožu do trojuholníka, pričom okraje utesnite. Rohy navlhčite vajíčkom a zatočte ich k sebe.

Rozohrejte olej a opečte na ňom wontony po niekoľkých do zlatista. Pred podávaním dobre sceďte.

Bravčové mäso s vodnými gaštanmi

Podáva 4

45 ml/3 lyžice arašidového (arašidového) oleja
1 strúčik cesnaku, rozdrvený
1 pažítka (pažítka), nasekaná
1 plátok koreňa zázvoru, nasekaný
225 g chudého bravčového mäsa nakrájaného na prúžky
100 g vodných gaštanov nakrájaných na tenké plátky
45 ml/3 lyžice sójovej omáčky
15 ml/1 polievková lyžica ryžového vína alebo suchého sherry
5 ml/1 čajová lyžička kukuričnej múky (kukuričný škrob)

Rozpálime olej a orestujeme cesnak, jarnú cibuľku a zázvor, kým jemne nezhnednú. Pridajte bravčové mäso a opekajte 10 minút dozlatista. Pridajte vodné gaštany a duste 3 minúty. Pridáme ostatné ingrediencie a restujeme 3 minúty.

Bravčové mäso a krevety wontons

Podáva 4

225 g/8 oz mleté bravčové mäso (mleté)
2 pažítka (pažítka), nasekaná
100 g zmiešanej zeleniny, nakrájanej
100 g nasekaných húb
225 g lúpaných kreviet, nasekaných
15 ml/1 polievková lyžica sójovej omáčky
2,5 ml/½ lyžičky soli
40 wonton skinov
olej na vyprážanie

Zohrejte panvicu a opečte bravčové mäso a pažítku, kým jemne nezhnedne. Pridajte zvyšok ingrediencií.

Ak chcete zložiť wontony, chyťte kožu do dlane ľavej ruky a do stredu vložte výplň. Okraje navlhčite vajíčkom a zložte kožu do trojuholníka, pričom okraje utesnite. Rohy navlhčite vajíčkom a zatočte ich k sebe.

Rozohrejte olej a opečte na ňom wontony po niekoľkých do zlatista. Pred podávaním dobre sceďte.

Mleté mäsové guľky v pare

Podáva 4

2 strúčiky cesnaku, rozdrvené

2,5 ml/½ lyžičky soli

450 g / 1 lb mletého bravčového mäsa (mleté)

1 nakrájanú cibuľu

1 červená paprika, nasekaná

1 zelená paprika, nasekaná

2 kusy nasekanej stopky zázvoru

5 ml/1 čajová lyžička kari

5 ml/1 lyžička papriky

1 vajce, rozšľahané

45 ml/3 lyžice kukuričnej múky (kukuričný škrob)

50 g/2 oz krátkozrnná ryža

soľ a čerstvo mleté korenie

60 ml/4 polievkové lyžice nasekanej pažítky

Zmiešajte cesnak, soľ, bravčové mäso, cibuľu, korenie, zázvor, kari a papriku. Vajíčko zapracujeme do zmesi s kukuričnou múkou a ryžou. Dochutíme soľou a korením a potom vmiešame pažítku. Mokrými rukami zo zmesi tvarujeme malé guľôčky. Vložte ich do parného koša, prikryte a duste vo vriacej vode 20 minút, kým sa neuvaria.

Rebierka s omáčkou z čiernej fazule

Podáva 4

900 g/2 lb bravčové rebrá

2 strúčiky cesnaku, rozdrvené

2 pažítka (pažítka), nasekaná

30 ml/2 polievkové lyžice omáčky z čiernej fazule

30 ml/2 lyžice ryžového vína alebo suchého sherry

15 ml/1 polievková lyžica vody

30 ml/2 polievkové lyžice sójovej omáčky

15 ml/1 polievková lyžica kukuričnej múky (kukuričný škrob)

5 ml/1 lyžička cukru

120 ml/4 fl oz ½ šálky vody

30 ml/2 polievkové lyžice oleja

2,5 ml/½ lyžičky soli

120 ml/4 fl oz/½ šálky kuracieho vývaru

Rebierka nakrájajte na 2,5 cm/1 kus. Zmiešajte cesnak, cibuľovú cibuľku, omáčku z čiernej fazule, víno alebo sherry, vodu a 15 ml/1 polievkovú lyžicu sójovej omáčky. Zvyšnú sójovú omáčku zmiešame s kukuričnou múkou, cukrom a vodou. Rozpálime olej a soľ a rebierka opečieme dozlatista. Vypustite olej. Pridajte cesnakovú zmes a restujte 2 minúty. Pridajte vývar, priveďte do varu, prikryte a varte 4 minúty. Pridajte kukuričnú zmes a za stáleho miešania varte, kým omáčka nezosvetlí a nezhustne.

Pečené rebrá

Podáva 4

3 strúčiky cesnaku, rozdrvené
75 ml/5 polievkových lyžíc sójovej omáčky
60 ml/4 polievkové lyžice hoisin omáčky
60 ml/4 polievkové lyžice ryžového vína alebo suchého sherry
45 ml/3 polievkové lyžice hnedého cukru
30 ml/2 polievkové lyžice paradajkového pretlaku (pasta)
900 g/2 lb bravčové rebrá
15 ml/1 polievková lyžica medu

Zmiešajte cesnak, sójovú omáčku, omáčku hoisin, víno alebo sherry, hnedý cukor a paradajkový pretlak, nalejte na rebrá, prikryte a nechajte cez noc marinovať.

Rebierka sceďte a poukladajte na mriežku v pekáči s trochou vody. Pečieme v predhriatej rúre na 180°C/350°F/plyn 4 45 minút, občas polievame marinádou, pričom si odložíme 30 ml/2 polievkové lyžice marinády. Odloženú marinádu zmiešame s medom a potrieme rebrá. Grilujeme alebo grilujeme (grilujeme) pod rozpáleným grilom asi 10 minút.

Pečené javorové rebrá

Podáva 4

900 g/2 lb bravčové rebrá
60 ml/4 polievkové lyžice javorového sirupu
5 ml/1 lyžička soli
5 ml/1 lyžička cukru
45 ml/3 lyžice sójovej omáčky
15 ml/1 polievková lyžica ryžového vína alebo suchého sherry
1 strúčik cesnaku, rozdrvený

Rebierka nakrájajte na 5 cm/2 kusy a vložte do misy. Zmiešajte všetky ingrediencie, pridajte rebrá a dobre premiešajte. Prikryte a nechajte cez noc marinovať. Grilujte (brilujte) alebo grilujte na strednom ohni asi 30 minút.

Vyprážané rebrá

Podáva 4

900 g/2 lb bravčové rebrá
120 ml/4 fl oz/½ šálky paradajkového kečupu (catsup)
120 ml/4 fl oz/½ šálky vínneho octu
60 ml/4 polievkové lyžice mangového chutney
45 ml/3 lyžice ryžového vína alebo suchého sherry
2 strúčiky cesnaku, nasekané
5 ml/1 lyžička soli
45 ml/3 lyžice sójovej omáčky
30 ml/2 polievkové lyžice medu
15 ml/1 polievková lyžica jemného kari
15 ml/1 polievková lyžica papriky
olej na vyprážanie
60 ml/4 polievkové lyžice nasekanej pažítky

Vložte rebrá do misy. Všetky suroviny okrem olivového oleja a pažítky zmiešame, nalejeme na rebierka, prikryjeme a necháme marinovať aspoň 1 hodinu. Rozpálime olej a rebierka opečieme dochrumkava. Podávame posypané pažítkou.

Rebierka s pórom

Podáva 4

450 g/1 lb bravčové rebrá
olej na vyprážanie
250 ml/8 fl oz/1 šálka vývaru
30 ml/2 polievkové lyžice paradajkového kečupu (catsup)
2,5 ml/½ lyžičky soli
2,5 ml/½ lyžičky cukru
2 póry, nakrájané na kúsky
6 cibuliek (pažítka), nakrájaných na kúsky
50 g ružičiek brokolice
5 ml/1 čajová lyžička sezamového oleja

Náhradné rebrá nakrájajte na 5 cm/2 kusy. Rozpálime olej a rebierka opekáme, kým nezačnú hnednúť. Vyberte ich z panvice a nalejte všetko okrem 30 ml/2 polievkové lyžice oleja. Pridajte vývar, paradajkový kečup, soľ a cukor, priveďte do varu a varte 1 minútu. Vráťte rebrá do panvice a varte asi 20 minút, kým nezmäknú.

Medzitým si zohrejeme ďalších 30 ml/ 2 lyžice oleja a orestujeme na ňom pór, pažítku a brokolicu asi 5 minút. Posypte sezamovým olejom a poukladajte okolo teplého servírovacieho taniera. Umiestnite rebrá a omáčku do stredu a podávajte.

Rebierka s hubami

Podáva 4-6

6 sušených čínskych húb
900 g/2 lb bravčové rebrá
2 klinčeky badiánu
45 ml/3 lyžice sójovej omáčky
5 ml/1 lyžička soli
15 ml/1 polievková lyžica kukuričnej múky (kukuričný škrob)

Huby namočíme na 30 minút do teplej vody a scedíme. Vyhoďte stonky a odrežte vrcholy. Náhradné rebrá nakrájajte na 5 cm/2 kusy. Priveďte do varu panvicu s vodou, pridajte rebrá a varte 15 minút. Dobre vysušte. Rebierka vrátime do panvice a podlejeme studenou vodou. Pridajte huby, badián, sójovú omáčku a soľ. Privedieme do varu, prikryjeme a varíme asi 45 minút, kým mäso nezmäkne. Kukuričnú múku zmiešame s trochou studenej vody, vmiešame do panvice a za stáleho miešania varíme, kým omáčka nezosvetlí a nezhustne.

Rebrá s pomarančom

Podáva 4

900 g/2 lb bravčové rebrá
5 ml/1 lyžička strúhaného syra
5 ml/1 čajová lyžička kukuričnej múky (kukuričný škrob)
45 ml/3 lyžice ryžového vína alebo suchého sherry
soľ
olej na vyprážanie
15 ml/1 polievková lyžica vody
2,5 ml/½ lyžičky cukru
15 ml/1 polievková lyžica paradajkového pretlaku (pasta)
2,5 ml/½ čajovej lyžičky horúcej omáčky
strúhaná kôra z 1 pomaranča
1 pomaranč, nakrájaný na plátky

Rebierka nakrájame na kúsky a zmiešame so syrom, kukuričnou múkou, 5 ml/ 1 ČL vína alebo sherry a štipkou soli. Necháme 30 minút marinovať. Rozpálime olej a rebierka opekáme asi 3 minúty dozlatista. Vo woku zohrejte 15 ml/1 polievkovú lyžicu olivového oleja, pridajte vodu, cukor, dužinu z paradajok, chilli omáčku, pomarančovú kôru a zvyšné víno alebo sherry a na miernom ohni miešajte 2 minúty. Pridajte bravčové mäso a miešajte, kým sa dobre nepotiahne. Preložíme na teplý tanier a podávame ozdobené plátkami pomaranča.

Ananásový rezeň

Podáva 4

900 g/2 lb bravčové rebrá
600 ml/1 pt/2½ šálky vody
30 ml/2 polievkové lyžice arašidového oleja (arašidový)
2 strúčiky cesnaku nakrájané nadrobno
200 g ananásových kúskov zaváraných v ovocnej šťave
120 ml/4 fl oz/½ šálky kuracieho vývaru
60 ml/4 lyžice vínneho octu
50 g/2 oz/¼ šálky hnedého cukru
15 ml/1 polievková lyžica sójovej omáčky
15 ml/1 polievková lyžica kukuričnej múky (kukuričný škrob)
3 pažítka (pažítka), nasekaná

Vložte bravčové mäso a vodu do hrnca, priveďte do varu, prikryte a varte 20 minút. Dobre vysušte.

Zahrejte olivový olej a opečte cesnak do jemne zlatista. Pridajte rebrá a opečte, kým sa dobre nepotiahnu v oleji. Sceďte kúsky ananásu a pridajte 120 ml/4 fl oz/½ šálky šťavy do panvice s vývarom, vínnym octom, cukrom a sójovou omáčkou. Priveďte do varu, prikryte a varte 10 minút. Pridáme scedený ananás. Kukuričnú múku zmiešame s trochou vody, vmiešame do omáčky a za stáleho miešania varíme, kým omáčka nezosvetlí a nezhustne. Podávame posypané pažítkou.

Chrumkavý krevetový rezeň

Podáva 4

900 g/2 lb bravčové rebrá
450 g/1 libra lúpaných kreviet
5 ml/1 lyžička cukru
soľ a čerstvo mleté korenie
30 ml/2 polievkové lyžice hladkej múky (univerzálne)
1 vajce, zľahka rozšľahané
100 g strúhanky
olej na vyprážanie

Náhradné rebrá nakrájajte na 5 cm/2 kusy. Vyberte časť mäsa a nakrájajte ho s krevetami, cukrom, soľou a korením. Vmiešame toľko múky a vajíčka, aby bola zmes lepkavá. Kusy rebier roztlačíme a posypeme strúhankou. Rozpálime olej a rebierka opekáme, kým nevyplávajú na povrch. Dobre sceďte a podávajte horúce.

Rebierka s ryžovým vínom

Podáva 4

900 g/2 lb bravčové rebrá
450 ml/¾ pt/2 šálky vody
60 ml/4 polievkové lyžice sójovej omáčky
5 ml/1 lyžička soli
30 ml/2 polievkové lyžice ryžového vína
5 ml/1 lyžička cukru

Rebierka nakrájajte na 2,5 cm/1 kus. Vložte do hrnca s vodou, sójovou omáčkou a soľou, priveďte do varu, prikryte a varte 1 hodinu. Dobre vysušte. Zohrejte panvicu a pridajte rebrá, ryžové víno a cukor. Smažte na vysokej teplote, kým sa kvapalina neodparí.

Rebrá so sezamovými semienkami

Podáva 4

900 g/2 lb bravčové rebrá
1 vajce
30 ml/2 polievkové lyžice hladkej múky (univerzálne)
5 ml/1 lyžička zemiakovej múky
45 ml/3 polievkové lyžice vody
olej na vyprážanie
30 ml/2 polievkové lyžice arašidového oleja (arašidový)
30 ml/2 polievkové lyžice paradajkového kečupu (catsup)
30 ml/2 polievkové lyžice hnedého cukru
10 ml/2 lyžičky vínneho octu
45 ml/3 lyžice sezamových semienok
4 listy šalátu

Rebierka nakrájajte na 10 cm/4 kusy a vložte do misy. Vajíčko zmiešame s múkou, zemiakovou múkou a vodou, pridáme k rebierkam a necháme 4 hodiny odležať.

Rozpálime olej a rebierka opečieme dozlatista, vyberieme a scedíme. Rozohrejeme olej a pár minút na ňom orestujeme paradajkový kečup, hnedý cukor, vínny ocot. Pridajte náhradné rebrá a smažte, kým nie sú dobre pokryté. Posypeme sezamovými semienkami a smažíme 1 minútu. Listy hlávkového šalátu poukladáme na teplý tanier, navrch dáme rebrá a podávame.

Rezne so sladkokyslou omáčkou

Podáva 4

900 g/2 lb bravčové rebrá

600 ml/1 pt/2½ šálky vody

30 ml/2 polievkové lyžice arašidového oleja (arašidový)

2 strúčiky cesnaku, rozdrvené

5 ml/1 lyžička soli

100 g/4 oz/½ šálky hnedého cukru

75 ml/5 polievkových lyžíc kuracieho vývaru

60 ml/4 lyžice vínneho octu

100 g kúskov ananásu v sirupe

15 ml/1 polievková lyžica paradajkového pretlaku (pasta)

15 ml/1 polievková lyžica sójovej omáčky

15 ml/1 polievková lyžica kukuričnej múky (kukuričný škrob)

30 ml/2 lyžice strúhaného kokosu

Vložte bravčové mäso a vodu do hrnca, priveďte do varu, prikryte a varte 20 minút. Dobre vysušte.

Rozpálime olej a opečieme rebierka s cesnakom a soľou dozlatista. Pridáme cukor, bujón a vínny ocot a privedieme do varu. Ananás scedíme a do panvice s paradajkovým pretlakom, sójovou omáčkou a kukuričnou múkou pridáme 30 ml/2 polievkové lyžice sirupu. Dobre premiešame a za stáleho miešania dusíme, kým omáčka nezosvetlí a nezhustne. Pridajte ananás, povarte 3 minúty a podávajte posypané kokosom.

Dusené rebrá

Podáva 4

900 g/2 lb bravčové rebrá
1 vajce, rozšľahané
5 ml/1 čajová lyžička sójovej omáčky
5 ml/1 lyžička soli
10 ml/2 čajové lyžičky kukuričnej múky (kukuričný škrob)
10 ml/2 lyžičky cukru
60 ml/4 polievkové lyžice arašidového (arašidového) oleja
250 ml/8 fl oz/1 šálka vínneho octu
250 ml/8 fl oz/1 šálka vody
250 ml/8 fl oz/1 šálka ryžového vína alebo suchého sherry

Vložte rebrá do misy. Vajíčko zmiešame so sójovou omáčkou, soľou, polovicou kukuričnej múky a polovicou cukru, pridáme k rebrám a dobre premiešame. Rozpálime olej a rebierka opečieme dozlatista. Pridajte zvyšné ingrediencie, priveďte do varu a nechajte variť, kým sa tekutina takmer neodparí.

Rebierka s paradajkami

Podáva 4

900 g/2 lb bravčové rebrá
75 ml/5 polievkových lyžíc sójovej omáčky
30 ml/2 lyžice ryžového vína alebo suchého sherry
2 vajcia, rozšľahané
45 ml/3 lyžice kukuričnej múky (kukuričný škrob)
olej na vyprážanie
45 ml/3 lyžice arašidového (arašidového) oleja
1 cibuľa, nakrájaná na tenké plátky
250 ml/8 fl oz/1 šálka kuracieho vývaru
60 ml/4 polievkové lyžice paradajkového kečupu (catsup)
10 ml/2 lyžičky hnedého cukru

Rebierka nakrájajte na 2,5 cm/1 kus. Zmiešajte so 60 ml/4 polievkovými lyžicami sójovej omáčky a vínom alebo sherry a za občasného miešania nechajte 1 hodinu marinovať. Scedíme, marinádu zlikvidujeme. Rebierka namočíme do vajíčka a potom do kukuričnej múky. Rozohrejte olej a opečte rebrá, niekoľko po druhom, dozlatista. Dobre vysušte. Rozohrejeme podzemnicový (arašidový) olej a opražíme na ňom cibuľu dosklovita. Pridajte vývar, zvyšnú sójovú omáčku, kečup a hnedý cukor a za stáleho miešania varte 1 minútu. Pridajte rebrá a varte 10 minút.

Grilované pečené bravčové mäso

Podáva 4-6

1,25 kg/3 lb vykostené bravčové pliecko
2 strúčiky cesnaku, rozdrvené
2 pažítka (pažítka), nasekaná
250 ml/8 fl oz/1 šálka sójovej omáčky
120 ml/4 fl oz/½ šálky ryžového vína alebo suchého sherry
100 g/4 oz/½ šálky hnedého cukru
5 ml/1 lyžička soli

Vložte bravčové mäso do misy. Zvyšné ingrediencie zmiešame, nalejeme na bravčové mäso, prikryjeme a necháme 3 hodiny marinovať. Preneste bravčové mäso a marinádu na plech na pečenie a pečte v predhriatej rúre pri teplote 200 °C/400 °F/plyn 6 počas 10 minút. Znížte teplotu na 160°C/325°F/plynová značka 3 na 1¾ hodiny, kým nebude bravčové mäso uvarené.

Studené bravčové s horčicou

Podáva 4

1 kg/2 lb vykostené pečené bravčové mäso
250 ml/8 fl oz/1 šálka sójovej omáčky
120 ml/4 fl oz/½ šálky ryžového vína alebo suchého sherry
100 g/4 oz/½ šálky hnedého cukru
3 pažítka (pažítka), nasekaná
5 ml/1 lyžička soli
30 ml/2 polievkové lyžice horčičného prášku

Vložte bravčové mäso do misy. Všetky zvyšné suroviny okrem horčice zmiešame a nalejeme na bravčové mäso. Za častého podlievania necháme marinovať aspoň 2 hodiny. Plech na pečenie vysteľte hliníkovou fóliou a bravčové mäso položte na rošt v pekáči. Pečte v predhriatej rúre pri teplote 200 °C/400 °F/plyn 6 počas 10 minút, potom znížte teplotu na 160 °C/325 °F/plyn 3 ďalších 1¾ hodiny, kým mäso nezmäkne. ponuky. Necháme vychladnúť a potom dáme do chladničky. Nakrájajte veľmi jemne. Zmiešajte horčičný prášok s dostatočným množstvom vody, aby ste vytvorili krémovú pastu, ktorú môžete podávať s bravčovým mäsom.

Čínske pečené bravčové mäso

Podáva 6

1,25 kg/3 lb kus bravčového mäsa, nakrájané na hrubé plátky
2 strúčiky cesnaku nakrájané nadrobno
30 ml/2 lyžice ryžového vína alebo suchého sherry
15 ml/1 polievková lyžica hnedého cukru
15 ml/1 polievková lyžica medu
90 ml/6 polievkových lyžíc sójovej omáčky
2,5 ml/½ čajovej lyžičky prášku z piatich korení

Umiestnite bravčové mäso do plytkej misky. Zvyšné suroviny zmiešame, nalejeme na bravčové mäso, prikryjeme a necháme cez noc marinovať v chladničke, občas obraciame a podlievame.

Bravčové plátky položte na mriežku do pekáča naplneného trochou vody a dobre pokvapkajte marinádou. Pečieme v predhriatej rúre na 180°C/350°F/plyn číslo 5 asi 1 hodinu za občasného podlievania, kým nie je bravčové mäso upečené.

Bravčové mäso so špenátom

Podáva 6-8

30 ml/2 polievkové lyžice arašidového oleja (arašidový)
1,25 kg/3 lb bravčové karé
250 ml/8 fl oz/1 šálka kuracieho vývaru
15 ml/1 polievková lyžica hnedého cukru
60 ml/4 polievkové lyžice sójovej omáčky
900 g / 2 lb špenát

Rozpálime olej a mäso opečieme zo všetkých strán. Väčšinu tuku zlejte. Pridajte vývar, cukor a sójovú omáčku, priveďte do varu, prikryte a duste asi 2 hodiny, kým sa bravčové mäso neuvarí. Vyberte mäso z panvice a nechajte ho mierne vychladnúť, potom nakrájajte na plátky. Pridajte špenát na panvicu a varte za mierneho miešania, kým nezmäkne. Špenát sceďte a položte na teplý servírovací tanier. Navrch položte bravčové plátky a podávajte.

Vyprážané bravčové guľky

Podáva 4

450 g / 1 lb mletého bravčového mäsa (mleté)
1 plátok koreňa zázvoru, nasekaný
15 ml/1 polievková lyžica kukuričnej múky (kukuričný škrob)
15 ml/1 polievková lyžica vody
2,5 ml/½ lyžičky soli
10 ml/2 lyžičky sójovej omáčky
olej na vyprážanie

Zmiešajte bravčové mäso a zázvor. Zmiešajte kukuričnú múku, vodu, soľ a sójovú omáčku, potom zmes vmiešajte do bravčového mäsa a dobre premiešajte. Vytvorte guľôčky veľkosti vlašských orechov. Rozpálime olej a opekáme bravčové knedle, kým nevystúpia na povrch oleja. Vyberte z oleja a prehrejte. Vráťte bravčové mäso na panvicu a smažte 1 minútu. Dobre vysušte.

Bravčové a krevetové vaječné rolky

Podáva 4

30 ml/2 polievkové lyžice arašidového oleja (arašidový)
225 g/8 oz mleté bravčové mäso (mleté)
225 g kreviet
100 g čínskych listov, nasekaných
100 g bambusových výhonkov nakrájaných na prúžky
100 g vodných gaštanov nakrájaných na prúžky
10 ml/2 lyžičky sójovej omáčky
5 ml/1 lyžička soli
5 ml/1 lyžička cukru
3 cibuľky (pažítka), nasekané nadrobno
8 šupiek z rolky
olej na vyprážanie

Zahrejte olej a opečte bravčové mäso, kým nebude uzavreté. Pridajte krevety a restujte 1 minútu. Pridajte čínske listy, bambusové výhonky, vodné gaštany, sójovú omáčku, soľ a cukor a duste 1 minútu, potom prikryte a duste 5 minút. Pridáme pažítku, preložíme na sitko a necháme odkvapkať.

Umiestnite niekoľko lyžíc plnkovej zmesi do stredu každej šupky vaječnej rolky, preložte dnu, preložte boky, potom zrolujte a vložte náplň. Okraj utesnite trochou zmesi múky a vody a nechajte 30 minút sušiť. Rozpálime olej a vaječné rolky opekáme asi 10 minút, kým nie sú chrumkavé a zlaté. Pred podávaním dobre sceďte.

Dusené mleté bravčové mäso

Podáva 4

450 g / 1 lb mletého bravčového mäsa (mleté)
5 ml/1 čajová lyžička kukuričnej múky (kukuričný škrob)
2,5 ml/½ lyžičky soli
10 ml/2 lyžičky sójovej omáčky

Zmiešajte bravčové mäso so zvyšnými prísadami a zmes rozložte do plytkej nádoby na pečenie. Vložíme do parného hrnca nad vriacou vodou a dusíme asi 30 minút, kým sa neuvarí. Podávajte horúce.

Vyprážané bravčové mäso s krabím mäsom

Podáva 4

225 g krabie mäso vo vločkách
100 g nasekaných húb
100 g bambusových výhonkov, nasekaných
5 ml/1 čajová lyžička kukuričnej múky (kukuričný škrob)
2,5 ml/½ lyžičky soli
225 g/8 oz varené bravčové mäso, nakrájané na plátky
1 vaječný bielok, zľahka vyšľahaný
olej na vyprážanie
15 ml/1 polievková lyžica nasekanej čerstvej petržlenovej vňate

Zmiešajte krabie mäso, huby, bambusové výhonky, väčšinu kukuričnej múčky a soľ. Mäso nakrájame na 5 cm/2 štvorce. Vytvorte sendviče so zmesou krabieho mäsa. Ponorte do vaječného bielka. Rozpálime olej a chlebíčky opekáme po niekoľkých do zlatista. Dobre vysušte. Podávame posypané petržlenovou vňaťou.

Bravčové mäso s fazuľovými klíčkami

Podáva 4

30 ml/2 polievkové lyžice arašidového oleja (arašidový)

2,5 ml/½ lyžičky soli

2 strúčiky cesnaku, rozdrvené

450 g / 1 lb fazuľových klíčkov

225 g vareného bravčového mäsa nakrájaného na kocky

120 ml/4 fl oz/½ šálky kuracieho vývaru

15 ml/1 polievková lyžica sójovej omáčky

15 ml/1 polievková lyžica ryžového vína alebo suchého sherry

5 ml/1 lyžička cukru

15 ml/1 polievková lyžica kukuričnej múky (kukuričný škrob)

2,5 ml/½ čajovej lyžičky sezamového oleja

3 pažítka (pažítka), nasekaná

Zahrejte olivový olej a opečte soľ a cesnak, kým jemne nezhnednú. Pridajte fazuľové klíčky a bravčové mäso a duste 2 minúty. Pridajte polovicu vývaru, priveďte do varu, prikryte a varte 3 minúty. Zvyšný vývar zmiešajte so zvyškom ingrediencií, vmiešajte do panvice, vráťte do varu a za stáleho miešania varte 4 minúty. Podávame posypané pažítkou.

Opité prasa

Podáva 6

1,25 kg/3 lb vykostené bravčové mäso
30 ml/2 polievkové lyžice soli
čerstvo mleté korenie
1 pažítka (pažítka), nasekaná
2 strúčiky cesnaku, nasekané
1 fľaša suchého bieleho vína

Vložte bravčové mäso do panvice a pridajte soľ, korenie, pažítku a cesnak. Podlejeme vriacou vodou, vrátime do varu, prikryjeme a varíme 30 minút. Vyberte bravčové mäso z panvice, ochlaďte a sušte 6 hodín alebo cez noc v chladničke. Bravčové mäso nakrájajte na veľké kusy a vložte do veľkej nádoby so skrutkovacím uzáverom. Podlejeme vínom, prikryjeme a uložíme do chladničky aspoň na 1 týždeň.

Dusené bravčové stehno

Podáva 6-8

1 malé bravčové stehno
90 ml/6 polievkových lyžíc sójovej omáčky
450 ml/¾ pt/2 šálky vody
45 ml/3 polievkové lyžice hnedého cukru
15 ml/1 polievková lyžica ryžového vína alebo suchého sherry
30 ml/2 polievkové lyžice arašidového oleja (arašidový)
3 strúčiky cesnaku, rozdrvené
450 g/1 libra špenátu
2,5 ml/½ lyžičky soli
30 ml/2 polievkové lyžice kukuričnej múky (kukuričný škrob)

Bravčovú kožu po celej ploche prepichnite špicatým nožom a potrite 30 ml/2 polievkovými lyžicami sójovej omáčky. Vložte do ťažkej panvice s vodou, priveďte do varu, prikryte a varte 40 minút. Scedíme, odložíme tekutinu a necháme bravčové mäso vychladnúť a potom ho vložíme do žiaruvzdornej misy.

Zmiešajte 15 ml/1 ČL cukru, víno alebo sherry a 30 ml/2 ČL sójovej omáčky a potierajte bravčové mäso. Zahrejte olivový olej a opečte cesnak do jemne zlatista. Pridajte zvyšný cukor a sójovú omáčku, zmes nalejte na bravčové mäso a misku prikryte. Vložte misku do woku a naplňte ju do polovice strán vodou. Prikryjeme a dusíme asi 1 a pol hodiny, v prípade potreby dolievame vriacou vodou. Špenát nakrájame na 5 cm/2 kúsky a posypeme soľou. Varte panvicu s vodou a nalejte na špenát. Necháme 2 minúty postáť, kým špenát nezačne mäknúť, scedíme a poukladáme na teplý servírovací tanier. Na vrch položte bravčové mäso. Bravčový vývar privedieme do varu. Kukuričnú múku zmiešame s trochou vody, vmiešame do vývaru a za stáleho miešania varíme, kým omáčka nezosvetlí a nezhustne. Nalejte na bravčové mäso a podávajte.

Bravčové pečené so zeleninou

Podáva 4

50 g/2 oz/½ šálky blanšírovaných mandlí
30 ml/2 polievkové lyžice arašidového oleja (arašidový)
soľ
100 g šampiňónov nakrájaných na kocky
100 g bambusových výhonkov nakrájaných na kocky
1 cibuľa, nakrájaná na kocky
2 stonky zeleru, nakrájané na kocky
100 g/4 oz mangetout (hrášok), kocky
4 vodné gaštany nakrájané na kocky
1 pažítka (pažítka), nasekaná
20 ml/4 fl oz/½ šálky kuracieho vývaru
225 g/8 oz Barbecue pečené bravčové mäso, kocky
15 ml/1 polievková lyžica kukuričnej múky (kukuričný škrob)
45 ml/3 polievkové lyžice vody
2,5 ml/½ lyžičky cukru
čerstvo mleté korenie

Mandle opražíme jemne do zlatista. Zahrejte olej a soľ, potom pridajte zeleninu a smažte 2 minúty, kým sa nepokryje olejom. Pridáme vývar, privedieme do varu, prikryjeme a varíme 2 minúty, kým nebude zelenina takmer uvarená, ale stále chrumkavá. Pridajte bravčové mäso a prehrejte. Kukuričnú múku, vodu, cukor a korenie zmiešame a vmiešame do omáčky. Varte za stáleho miešania, kým omáčka nezosvetlí a nezhustne.

Prasa dvakrát

Podáva 4

45 ml/3 lyžice arašidového (arašidového) oleja
6 pažítka (pažítka), nasekaná
1 strúčik cesnaku, rozdrvený
1 plátok koreňa zázvoru, nasekaný
2,5 ml/½ lyžičky soli
225 g vareného bravčového mäsa nakrájaného na kocky
15 ml/1 polievková lyžica sójovej omáčky
15 ml/1 polievková lyžica ryžového vína alebo suchého sherry
30 ml/2 polievkové lyžice fazuľovej pasty

Rozpálime olej a opražíme na ňom cibuľu, cesnak, zázvor a soľ, kým jemne nezhnednú. Pridajte bravčové mäso a duste 2 minúty. Pridajte sójovú omáčku, víno alebo sherry a fazuľovú pastu a smažte 3 minúty.

Bravčové obličky s mangetoutom

Podáva 4

4 bravčové obličky, rozpolené a vykôstkované
30 ml/2 polievkové lyžice arašidového oleja (arašidový)
2,5 ml/½ lyžičky soli
1 plátok koreňa zázvoru, nasekaný
3 stonky zeleru, nakrájané
1 nakrájanú cibuľu
30 ml/2 polievkové lyžice sójovej omáčky
15 ml/1 polievková lyžica ryžového vína alebo suchého sherry
5 ml/1 lyžička cukru
60 ml/4 polievkové lyžice kuracieho vývaru
225 g/8 oz mangetout (hrášok)
15 ml/1 polievková lyžica kukuričnej múky (kukuričný škrob)
45 ml/3 polievkové lyžice vody

Obličky povaríme 10 minút, scedíme a premyjeme v studenej vode. Zahrejte olej a niekoľko sekúnd opečte soľ a zázvor. Pridajte obličky a smažte 30 sekúnd, kým nie sú pokryté olejom. Pridajte zeler a cibuľu a restujte 2 minúty. Pridajte sójovú omáčku, víno alebo sherry a cukor a duste 1 minútu. Pridajte vývar, priveďte do varu, prikryte a varte 1 minútu. Pridajte mangetout, prikryte a varte 1 minútu. Zmiešajte maizenu a vodu, potom vmiešajte do omáčky a varte, kým omáčka nezosvetlí a nezhustne. Podávajte naraz.

Červená šunka s gaštanmi

Podáva 4-6

1,25 kg/3 lb šunky
2 jarné cibuľky (pažítka), prekrojené na polovice
2 strúčiky cesnaku, rozdrvené
45 ml/3 polievkové lyžice hnedého cukru
30 ml/2 lyžice ryžového vína alebo suchého sherry
60 ml/4 polievkové lyžice sójovej omáčky
450 ml/¾ pt/2 šálky vody
350 g/12 oz gaštanov

Vložte šunku na panvicu s jarnou cibuľkou, cesnakom, cukrom, vínom alebo sherry, sójovou omáčkou a vodou. Priveďte do varu, prikryte a varte asi 1 1/2 hodiny, pričom šunku občas otočte. Gaštany blanšírujeme vo vriacej vode 5 minút a scedíme. Pridajte k šunke, prikryte a varte ešte 1 hodinu, pričom šunku raz alebo dvakrát otočte.

Vyprážaná šunka a vaječné gule

Podáva 4

225 g údenej šunky, nasekaná
2 pažítka (pažítka), nasekaná
3 rozšľahané vajcia
4 plátky starého chleba
10 ml/2 lyžice hladkej múky (univerzálne)
2,5 ml/½ lyžičky soli
olej na vyprážanie

Šunku, pažítku a vajíčka zmiešame. Chlieb nalámeme na strúhanku a vmiešame do šunky s múkou a soľou. Vytvorte guľôčky veľkosti vlašských orechov. Rozpálime olej a mäsové halušky opečieme dozlatista. Nechajte dobre odkvapkať na kuchynskom papieri.

Šunka a ananás

Podáva 4

4 sušené čínske huby
15 ml/1 polievková lyžica arašidového oleja
1 strúčik cesnaku, rozdrvený
50 g vodných gaštanov nakrájaných na plátky
50 g bambusových výhonkov
225 g šunky, nasekaná
225 g kúskov ananásu zaváraných v ovocnej šťave
120 ml/4 fl oz/½ šálky kuracieho vývaru
15 ml/1 polievková lyžica sójovej omáčky
15 ml/1 polievková lyžica kukuričnej múky (kukuričný škrob)

Huby namočíme na 30 minút do teplej vody a scedíme. Vyhoďte stonky a odrežte vrcholy. Zahrejte olivový olej a opečte cesnak do jemne zlatista. Pridajte hríby, vodné gaštany a bambusové výhonky a duste 2 minúty. Pridajte šunku a scedené kúsky ananásu a duste 1 minútu. Pridajte 30 ml/2 polievkové lyžice ananásovej šťavy, väčšinu kuracieho vývaru a sójovú omáčku. Priveďte do varu, prikryte a varte 5 minút. Kukuričnú krupicu zmiešame so zvyšným vývarom a vmiešame do omáčky. Varte za stáleho miešania, kým omáčka nezosvetlí a nezhustne.

Frittata so šunkou a špenátom

Podáva 4

30 ml/2 polievkové lyžice arašidového oleja (arašidový)

2,5 ml/½ lyžičky soli

1 strúčik cesnaku, nasekaný

2 pažítka (pažítka), nasekaná

225 g šunky na kocky

450 g / 1 lb špenát, nasekaný

60 ml/4 polievkové lyžice kuracieho vývaru

15 ml/1 polievková lyžica kukuričnej múky (kukuričný škrob)

15 ml/1 polievková lyžica sójovej omáčky

45 ml/3 polievkové lyžice vody

5 ml/1 lyžička cukru

Zahrejte olivový olej a opečte soľ, cesnak a pažítku, kým jemne nezhnednú. Pridajte šunku a restujte 1 minútu. Pridajte špenát a miešajte, kým sa obalí v oleji. Pridajte vývar, priveďte do varu, prikryte a varte 2 minúty, kým špenát nezačne vädnúť. Zmiešajte kukuričnú múku, sójovú omáčku, vodu a cukor a vmiešajte do panvice. Varte, miešajte, kým omáčka nezhustne.

www.ingramcontent.com/pod-product-compliance
Lightning Source LLC
Chambersburg PA
CBHW071859110526
44591CB00011B/1480

minut. Lisa veiniäädikas, suhkur, sool ja sojakaste. Lisa litšid ja sega, kuni need on kuumad ja kastmega kaetud. Vala krevettidele ja serveeri kohe.

Mandariiniga praetud krevetid

4 inimesele

60 ml/4 spl maapähkliõli

1 purustatud küüslauguküüs

1 viil ingverijuurt, tükeldatud

450 g kooritud krevette

30 ml/2 spl riisiveini või kuiva šerrit 30 ml/2 spl sojakastet

15 ml / 1 spl maisitärklist (maisijahu)

45 ml/3 supilusikatäit vett

Kuumuta õli ning prae küüslauku ja ingverit kergelt pruunikaks. Lisa krevetid ja pruunista neid 1 minut. Lisage vein või šerri ja segage hästi. Lisa sojakaste, maisitärklis ja vesi ning hauta 2 minutit.

Taccone krevettidega

4 inimesele

5 kuivatatud hiina seeni

225 g/8 untsi oad

60 ml/4 spl maapähkliõli

5 ml/1 tl soola

2 sellerivart tükeldatud

4 šalottsibulat (murulauk), hakitud

2 purustatud küüslauguküünt

2 viilu hakitud ingverijuurt

60 ml/4 spl vett

15 ml/1 spl sojakastet

15 ml/1 spl riisiveini või kuiva šerrit

8 untsi / 225 g herneid

225 g kooritud krevette

15 ml / 1 spl maisitärklist (maisijahu)

Leota seeni 30 minutit soojas vees ja seejärel kurna. Eemaldage varred ja lõigake otsad. Blanšeeri oadud 5 minutit keevas vees ja nõruta hästi. Kuumuta pool õlist ning prae soola, sellerit, murulauku ja oavõrseid 1 minut ning eemalda pannilt. Kuumuta ülejäänud õli ning prae küüslauk ja ingver kuldpruuniks. Lisa pool veest, sojakaste, vein või šerri, basiilik ja krevetid, kuumuta keemiseni ja keeda 3 minutit. Sega maisitärklis ja ülejäänud vesi pastaks, lisa pannile ja kuumuta segades, kuni kaste pakseneb. Pange köögiviljad tagasi pannile ja küpseta, kuni need on hästi keedetud. Serveeri kohe.

Krevetid hiina seentega

4 inimesele

8 kuivatatud hiina seeni
45 ml/3 spl maapähkliõli
3 viilu hakitud ingverijuurt
450 g kooritud krevette
15 ml/1 spl sojakastet
5 ml/1 tl soola
60 ml/4 spl kalapuljongit

Leota seeni 30 minutit soojas vees ja seejärel kurna. Eemaldage varred ja lõigake otsad. Kuumuta pool oliiviõlist ja prae ingverit kergelt pruuniks. Lisa krevetid, sojakaste, sool ja prae õliga kaetud ning eemalda pannilt. Kuumuta ülejäänud õli ja prae seened, kuni need on õliga kaetud. Lisa puljong, lase keema tõusta, kata ja keeda 3 minutit. Pange krevetid pannile tagasi ja segage, kuni need on täielikult kuumutatud.

Praetud krevetid ja herned

4 inimesele

450 g kooritud krevette

5 ml/1 tl seesamiõli

5 ml/1 tl soola

30 ml/2 spl maapähkliõli

1 purustatud küüslauguküüs

1 viil ingverijuurt, tükeldatud

225 g blanšeeritud või külmutatud herneid, sulatatud

4 šalottsibulat (murulauk), hakitud

30 ml/2 supilusikatäit vett

sool ja pipar

Viska krevetid seesamiõli ja soolaga üle. Kuumuta õli ning prae küüslauku ja ingverit 1 minut. Lisa krevetid ja pruunista neid 2 minutit. Lisa herned ja pruunista neid 1 minut. Lisa šalottsibul ja vesi ning maitsesta soovi korral soola, pipra ja veel veidi seesamiõliga. Enne serveerimist soojendage hoolikalt segades.

Krevetid mango chutneyga

4 inimesele

12 krevetti

sool ja pipar

1 sidruni mahl

30 ml / 2 spl maisitärklist (maisijahu)

1 varrukas

5 ml/1 tl sinepipulbrit

5 ml/1 tl mett

30 ml/2 spl kookoskoort

30 ml/2 spl mahedat karripulbrit

120 ml/4 fl untsi/¬Ω tassi kanapuljongit

45 ml/3 spl maapähkliõli

2 küüslauguküünt, hakitud
2 murulauku (murulauk), hakitud
1 apteegitill hakitud
100 g mango chutney

Koori krevetid, jättes saba terveks. Puista peale soola, pipart ja sidrunimahla ning tõsta peale pool maisitärklist. Koori mango, eemalda viljaliha kivilt ja lõika viljaliha kuubikuteks. Lisa sinep, mesi, kookoskoor, karripulber, ülejäänud maisitärklis ja puljong. Kuumuta pool oliivõlist ning prae küüslauku, murulauku ja apteegitilli 2 minutit. Lisa puljongisegu, kuumuta keemiseni ja keeda 1 minut. Lisa mangokuubikud ja chutney ning kuumuta veidi, seejärel tõsta soojale taldrikule. Kuumuta ülejäänud õli ja pruunista krevette 2 minutit. Laota need köögiviljade peale ja serveeri kohe.

Praetud krevetipelmeenid sibulakastmega

4 inimesele
3 muna kergelt lahti klopitud
45 ml / 3 spl nisujahu (universaalne)

soola ja värskelt jahvatatud pipart

450 g kooritud krevette

prae õli

15 ml/1 spl maapähkliõli

2 hakitud sibulat

15 ml / 1 spl maisitärklist (maisijahu)

30 ml/2 spl sojakastet

6 fl oz/¬œ tassi vett

Sega munad, jahu, sool ja pipar. Kasta krevetid segusse. Kuumuta õli ja prae krevetid kuldpruuniks. Vahepeal kuumuta õli ja prae sibulat 1 minut. Sega ülejäänud koostisosad pastaks, lisa sibul ja kuumuta segades, kuni kaste pakseneb. Nõruta krevetid ja laota need soojale taldrikule. Maitsesta kastmega ja serveeri kohe.

Mandariini krevetid hernestega

4 inimesele

60 ml/4 spl maapähkliõli

1 hakitud küüslauguküüs

1 viil ingverijuurt, tükeldatud

450 g kooritud krevette

30 ml/2 spl riisiveini või kuiva šerrit

225 g külmutatud herneid, sulatatud

30 ml/2 spl sojakastet

15 ml / 1 spl maisitärklist (maisijahu)

45 ml/3 supilusikatäit vett

Kuumuta õli ning prae küüslauku ja ingverit kergelt pruunikaks. Lisa krevetid ja pruunista neid 1 minut. Lisage vein või šerri ja segage hästi. Lisa herned ja pruunista neid 5 minutit. Lisa ülejäänud ained ja prae 2 minutit.

Pekingi stiilis krevetid

4 inimesele

30 ml/2 spl maapähkliõli

2 purustatud küüslauguküünt

1 viil ingverijuurt, peeneks hakitud

225 g kooritud krevette

4 šalottsibulat (murulauk), lõigatud paksudeks viiludeks

120 ml/4 fl untsi/¬Ω tassi kanapuljongit

5 ml/1 tl fariinsuhkrut

5 ml/1 tl sojakastet

5 ml/1 tl hoisin kastet

5 ml/1 tl Tabasco kastet

Kuumuta oliiviõli koos küüslaugu ja ingveriga ning prae, kuni küüslauk on kergelt pruunistunud. Lisa krevetid ja pruunista neid 1 minut. Lisa šalottsibul ja prae 1 minut. Lisa ülejäänud ained, lase keema tõusta, kata kaanega ja küpseta 4 minutit, aeg-ajalt segades. Kontrolli maitsestust ja soovi korral lisa veidi Tabascot.

Krevetid paprikaga

4 inimesele

30 ml/2 spl maapähkliõli

1 roheline paprika tükkideks lõigatud

450 g kooritud krevette

10 ml/2 tl maisitärklist (maisijahu)

60 ml/4 spl vett

5 ml/1 tl riisiveini või kuiva šerrit

2,5 ml/¬Ω cc soola

45 ml / 2 spl tomatipüreed (pasta)

Kuumuta oliiviõli ja prae paprikaid 2 minutit. Lisa krevetid ja tomatipasta ning sega korralikult läbi. Sega maisijahu vesi, vein või šerri ja sool pastaks, lisa pannile ja kuumuta pidevalt segades, kuni kaste muutub heledamaks ja paksemaks.

Praetud krevetid sealihaga

4 inimesele

225 g kooritud krevette

100g/4oz lahja sealiha, jahvatatud

60 ml / 4 spl riisiveini või kuiva šerrit

1 munavalge

45 ml / 3 spl maisijahu (maisitärklis)

5 ml/1 tl soola

15 ml / 1 spl vett (valikuline)

90 ml/6 spl maapähkliõli

45 ml/3 spl kalapuljongit

5 ml/1 tl seesamiõli

Asetage krevetid ja sealiha eraldi kaussidesse. Sega 45ml/3spl veini või šerrit, munavalget, 30ml/2sl maisijahu ja soola ühtlaseks pastaks, vajadusel lisa vett. Jaga segu sealiha ja krevettide vahel ning sega korralikult läbi. Kuumuta õli ning prae sealiha ja krevette mõni minut kuldpruuniks. Eemaldage pannilt ja valage õli peale 15 ml/1 spl. Lisa pannile puljong koos ülejäänud veini või šerriga ja maisitärklisega. Kuumuta keemiseni ja keeda segades, kuni kaste pakseneb. Vala krevettidele ja sealihale ning serveeri tilga seesamiõliga.

Praetud krevetid šerrikastmega

4 inimesele

50 g/2 untsi/¬Ω tassi tavalist jahu (universaalne)

2,5 ml/¬Ω cc soola

1 kergelt lahtiklopitud muna

30 ml/2 supilusikatäit vett

450 g kooritud krevette

prae õli

15 ml/1 spl maapähkliõli

1 sibul hakitud

45 ml/3 spl riisiveini või kuiva šerrit

15 ml/1 spl sojakastet

120 ml/4 fl untsi/¬Ω tassi kalapuljongit

10 ml/2 tl maisitärklist (maisijahu)

30 ml/2 supilusikatäit vett

Sõtku jahu, sool, muna ja vesi kuni taigna moodustumiseni, vajadusel lisa veidi vett. Viska krevettidega, kuni need on hästi kaetud. Kuumuta õli ja prae krevette paar minutit, kuni need on krõbedad ja kuldsed. Nõruta need imavale paberile ja tõsta soojale taldrikule. Samal ajal kuumuta õli ja prae sibul pehmeks. Lisa vein või šerri, sojakaste ja puljong, kuumuta keemiseni ja keeda 4 minutit. Kombineerige maisitärklis ja vesi pastaks, segage pannil ja keetke segades, kuni kaste muutub heledamaks ja paksemaks. Vala kaste krevettidele ja serveeri.

Seesami praetud krevetid

4 inimesele

450 g kooritud krevette
¬Ω munavalge
5 ml/1 tl sojakastet
5 ml/1 tl seesamiõli
50 g / 2 untsi / ¬Ω tassi maisijahu (maisitärklis)
soola ja värskelt jahvatatud valget pipart
prae õli
60 ml/4 spl seesamiseemneid
salati lehed

Sega krevetid munavalge, sojakastme, seesamiõli, maisitärklise, soola ja pipraga. Lisa veidi vett, kui segu on liiga paks. Kuumuta õli ja prae krevette paar minutit, kuni need on kergelt kuldsed. Samal ajal rösti seesamiseemned kiiresti kuival pannil kuldpruuniks. Nõruta krevetid ja sega need seesamiseemnetega. Serveeri salatipeenral.

Kooris praetud krevetid

4 inimesele

60 ml/4 spl maapähkliõli

750 g/1¬Ω naela kooritud krevetid

3 murulauku (murulauk), hakitud

3 viilu hakitud ingverijuurt

2,5 ml/¬Ω cc soola

15 ml/1 spl riisiveini või kuiva šerrit

120 ml/4 fl oz/¬Ω tass tomatiketšupit (ketšup)

15 ml/1 spl sojakastet

15 ml/1 spl suhkrut

15 ml / 1 spl maisitärklist (maisijahu)

60 ml/4 spl vett

Kuumuta õli ja prae krevette 1 minut, kui need on keedetud, või kuni roosad, kui need on keedetud. Lisa sibul, ingver, sool ja vein või šerri ning prae 1 minut. Lisa ketšup, sojakaste ja suhkur ning prae 1 minut. Sega maisitärklis ja vesi, vala pannile ning kuumuta segades, kuni kaste muutub heledamaks ja pakseneb.

praetud krevetid

4 inimesele

75 g/3 untsi/½ tassi maisijahu (maisitärklis)
1 munavalge
5 ml/1 tl riisiveini või kuiva šerrit
soola
350 g kooritud krevette
prae õli

Vahusta maisitärklis, munavalged, vein või šerri ja näpuotsaga soola, kuni moodustub paks pasta. Kastke krevetid taignasse, kuni need on hästi kaetud. Kuumuta oliiviõli keskmisel kuumusel ja prae krevette paar minutit kuldpruuniks. Tõsta õlist välja, kuumuta kuumaks ja prae krevetid krõbedaks ja kuldseks.

krevettide tempura

4 inimesele

450 g kooritud krevette

30 ml / 2 spl nisujahu (universaalne)
30 ml / 2 spl maisitärklist (maisijahu)
30 ml/2 supilusikatäit vett
2 lahtiklopitud muna
prae õli

Lõika krevetid piki sisemist kõverat pooleks ja eralda liblikakujuliseks. Sega jahu, maisitärklis ja vesi, kuni saad taigna ning lisa munad. Kuumuta õli ja prae krevetid kuldpruuniks.

subgingiva

4 inimesele

30 ml/2 spl maapähkliõli
2 murulauku (murulauk), hakitud
1 purustatud küüslauguküüs
1 viil ingverijuurt, tükeldatud
100 g ribadeks lõigatud kanarind
100 g ribadeks lõigatud sinki
100 g ribadeks lõigatud bambusevõrseid
100 g vesikastanit, lõigatud ribadeks
225 g kooritud krevette
30 ml/2 spl sojakastet

30 ml/2 spl riisiveini või kuiva šerrit

5 ml/1 tl soola

5 ml / 1 tl suhkrut

5 ml/1 tl maisitärklist (maisitärklis)

Kuumuta õli ja prae murulauk, küüslauk ja ingver kergelt kuldseks. Lisa kana ja prae 1 minut. Lisa sink, bambusevõrsed ja vesikastanid ning prae 3 minutit. Lisa krevetid ja pruunista neid 1 minut. Lisa sojakaste, vein või šerri, sool ja suhkur ning hauta 2 minutit. Sega maisitärklis vähese veega, vala pannile ja küpseta segades 2 minutit.

Krevetid tofuga

4 inimesele

45 ml/3 spl maapähkliõli

8 untsi/225 g kuubikuteks lõigatud tofut

1 šalottsibul (roheline sibul), hakitud

1 purustatud küüslauguküüs

15 ml/1 spl sojakastet

5 ml / 1 tl suhkrut

90 ml/6 spl kalapuljongit

225 g kooritud krevette

15 ml / 1 spl maisitärklist (maisijahu)

45 ml/3 supilusikatäit vett

Kuumuta pool õlist ja prae tofut kergelt pruunikaks, seejärel eemalda pannilt. Kuumuta ülejäänud õli ning prae sibul ja küüslauk kuldpruuniks. Lisa sojakaste, suhkur ja puljong ning kuumuta keemiseni. Lisa krevetid ja sega madalal kuumusel 3 minutit. Sega maisijahu ja vesi pastaks, lisa pannile ja küpseta segades, kuni kaste pakseneb. Tõsta tofu pannile tagasi ja küpseta aeglaselt, kuni see on läbi kuumenenud.

krevetid tomatikastmes

4 inimesele

2 munavalget

30 ml / 2 spl maisitärklist (maisijahu)

5 ml/1 tl soola

450 g kooritud krevette

prae õli

30 ml/2 spl riisiveini või kuiva šerrit

8 untsi/225 g tomateid, kooritud, seemnetest puhastatud ja tükeldatud

Sega munavalged, maisitärklis ja sool. Viska krevetid hästi kaetud. Kuumuta õli ja prae krevetid küpseks. Valage õli peale 15 ml/1 spl ja kuumutage. Lisa vein või šerri ja tomatid ning kuumuta keemiseni. Lisa krevetid ja kuumuta enne serveerimist kiiresti läbi.

Krevetid tomatikastmes

4 inimesele

30 ml/2 spl maapähkliõli

1 purustatud küüslauguküüs

2 viilu hakitud ingverijuurt

2,5 ml/¬Ω cc soola

15 ml/1 spl riisiveini või kuiva šerrit

15 ml/1 spl sojakastet

6 ml/4 spl ketšupit (ketšup)

120 ml/4 fl untsi/¬Ω tassi kalapuljongit

350 g kooritud krevette

10 ml/2 tl maisitärklist (maisijahu)

30 ml/2 supilusikatäit vett

Kuumuta õli ning prae küüslauku, ingverit ja soola 2 minutit. Lisa vein või šerri, sojakaste, ketšup ja puljong ning kuumuta keemiseni. Lisa krevetid, kata ja küpseta 2 minutit. Segage maisitärklis ja vesi pastaks, lisage see pannile ja keetke segades, kuni kaste muutub heledamaks ja paksemaks.

Krevetid tomati-piprakastmes

4 inimesele

60 ml/4 spl maapähkliõli

15 ml/1 spl hakitud ingverit

15 ml/1 spl hakitud küüslauku

15 ml/1 spl hakitud murulauku

60 ml/4 spl tomatipüreed (pasta)

15 ml/1 spl tšillikastet

450 g kooritud krevette

15 ml / 1 spl maisitärklist (maisijahu)

15 ml/1 supilusikatäis vett

Kuumuta õli ning prae ingverit, küüslauku ja talisibulat 1 minut. Lisa tomatipüree ja piprakaste ning sega korralikult läbi. Lisa krevetid ja pruunista neid 2 minutit. Sega maisitärklis ja vesi pastaks, lisa pannile ja küpseta, kuni kaste pakseneb. Serveeri kohe.

Tomatikastmes praetud krevetid

4 inimesele

50 g/2 untsi/¬Ω tassi tavalist jahu (universaalne)

2,5 ml/¬Ω cc soola

1 kergelt lahtiklopitud muna

30 ml/2 supilusikatäit vett

450 g kooritud krevette

prae õli

30 ml/2 spl maapähkliõli

1 sibul hakitud

2 viilu hakitud ingverijuurt

75 ml / 5 spl ketšupit (ketšupit)

10 ml/2 tl maisitärklist (maisijahu)

30 ml/2 supilusikatäit vett

Sõtku jahu, sool, muna ja vesi kuni taigna moodustumiseni, vajadusel lisa veidi vett. Viska krevettidega, kuni need on hästi kaetud. Kuumuta õli ja prae krevette paar minutit, kuni need on krõbedad ja kuldsed. Nõruta imaval paberil.

Samal ajal kuumuta õli ning prae sibul ja ingver pehmeks. Lisa tomatiketšup ja küpseta 3 minutit. Vahusta maisitärklis ja vesi pastaks, lisa pannile ja kuumuta segades, kuni kaste pakseneb. Lisa krevetid pannile ja küpseta hästi küpseks. Serveeri kohe.

krevetid köögiviljadega

4 inimesele

15 ml/1 spl maapähkliõli

225 g brokoli õisikuid

225g/8oz nööbiseened

225 g bambusevõrseid, viilutatud

450 g kooritud krevette

120 ml/4 fl untsi/¬Ω tassi kanapuljongit

5 ml/1 tl maisitärklist (maisitärklis)

5 ml/1 tl austrikastet

2,5 ml/¬Ω c. suhkur

2,5 ml/¬Ω c. riivitud ingverijuur

näputäis värskelt jahvatatud pipart

Kuumuta oliiviõli ja prae brokkolit 1 minut. Lisa seened ja bambusevõrsed ning prae 2 minutit. Lisa krevetid ja pruunista neid 2 minutit. Kombineeri ülejäänud koostisosad ja lisa need krevetisegule. Kuumuta segades keemiseni ja keeda pidevalt segades 1 minut.

Krevetid vesikastanitega

4 inimesele

60 ml/4 spl maapähkliõli

1 hakitud küüslauguküüs

1 viil ingverijuurt, tükeldatud

450 g kooritud krevette

2 spl/30 ml riisiveini või kuiva šerrit 225 g viilutatud vesikastaneid

30 ml/2 spl sojakastet

15 ml / 1 spl maisitärklist (maisijahu)

45 ml/3 supilusikatäit vett

Kuumuta õli ning prae küüslauku ja ingverit kergelt pruunikaks. Lisa krevetid ja pruunista neid 1 minut. Lisage vein või šerri ja segage hästi. Lisa vesikastanid ja pruunista neid 5 minutit. Lisa ülejäänud ained ja prae 2 minutit.

Wontoni krevetid

4 inimesele

450 g kooritud ja tükeldatud krevette

225 g hakitud köögiviljasegu

15 ml/1 spl sojakastet

2,5 ml/¬Ω cc soola

paar tilka seesamiõli

40 wontoni nahka

prae õli

Sega krevetid, köögiviljad, sojakaste, sool ja seesamiõli.

Wontonite voltimiseks hoidke nahka vasaku käe peopesas ja asetage keskele veidi täidist. Niisuta servad munaga ja murra koor kolmnurgaks, sulge servad. Niisuta nurgad munaga ja pigista need kokku.

Kuumuta õli ja prae wontoneid vähehaaval kuldpruuniks. Nõruta enne serveerimist hästi.

abalone kanaga

4 inimesele

400g/14oz konserveeritud abalone
30 ml/2 spl maapähkliõli
100 g kuubikuteks lõigatud kanarinda
100 g viiludeks lõigatud bambusevõrseid
250 ml / 8 untsi / 1 tass kalapuljongit
15 ml/1 spl riisiveini või kuiva šerrit
5 ml / 1 tl suhkrut

2,5 ml/¬Ω cc soola

15 ml / 1 spl maisitärklist (maisijahu)

45 ml/3 supilusikatäit vett

Nõruta ja tükelda abalone, jäta mahl alles. Kuumuta õli ja prae kana kergelt pruunikaks. Lisa abalone ja bambusevõrsed ning prae 1 minut. Lisa abalone vedelik, puljong, vein või šerri, suhkur ja sool, kuumuta keemiseni ja keeda 2 minutit. Segage maisitärklis ja vesi pastaks ning keetke segades, kuni kaste muutub heledamaks ja paksemaks. Serveeri kohe.

abalone spargliga

4 inimesele

10 kuivatatud Hiina seeni

30 ml/2 spl maapähkliõli

15 ml/1 supilusikatäis vett

225 g / 8 untsi sparglit

2,5 ml/¬Ω teelusikatäis kalakastet

15 ml / 1 spl maisitärklist (maisijahu)

225 g abalone konservi, viilutatud
60 ml/4 spl puljongit
½ porgand väikesteks viiludeks
5 ml/1 tl sojakastet
5 ml/1 tl austrikastet
5 ml/1 tl riisiveini või kuiva šerrit

Leota seeni 30 minutit soojas vees ja seejärel kurna. Visake varred ära. Kuumuta 15 ml/1 spl õli veega ja prae seenekübaraid 10 minutit. Vahepeal keeda spargel keevas vees koos kalakastme ja 5 ml/1 spl. maisitärklist pehmeks. Nõruta need hästi ja laota koos seentega soojale taldrikule. Hoidke neid soojas. Kuumuta järelejäänud õli ja prae abalone paar sekundit, seejärel lisa puljong, porgand, sojakaste, austrikaste, vein või šerri ja ülejäänud maisitärklis. Küpseta umbes 5 minutit, kuni see on küpsenud, vala sparglitele ja serveeri.

Abalone seentega

4 inimesele

6 kuivatatud hiina seeni

400g/14oz konserveeritud abalone

45 ml/3 spl maapähkliõli

2,5 ml/¬Ω cc soola

15 ml/1 spl riisiveini või kuiva šerrit

3 talisibulat (sibulat), lõigatud paksudeks viiludeks

Leota seeni 30 minutit soojas vees ja seejärel kurna. Eemaldage varred ja lõigake otsad. Nõruta ja tükelda abalone, jäta mahl alles. Kuumutage oliiviõli ja hautage soola ja seeni 2 minutit. Lisa vedel abalone ja šerri, kuumuta keemiseni, kata kaanega ja küpseta 3 minutit. Lisa abalone ja talisibul ning küpseta, kuni see on korralikult kuumutatud. Serveeri kohe.

Abalone austrikastmega

4 inimesele

400g/14oz konserveeritud abalone

15 ml / 1 spl maisitärklist (maisijahu)

15 ml/1 spl sojakastet

45 ml/3 spl austrikastet

30 ml/2 spl maapähkliõli

50 g hakitud suitsusinki

Kurna purki abalone, jättes 6 spl/90 ml vedeliku. Sega maisitärklise, sojakastme ja austrikastmega. Kuumuta oliiviõli ja hauta nõrutatud abalone 1 minut. Lisa kastmesegu ja küpseta pidevalt segades umbes 1 minut, kuni see on läbi kuumenenud. Tõsta soojale taldrikule ja serveeri singiga.

aurutatud karbid

4 inimesele

24 merekarpi

Puhastage karbid hoolikalt ja leotage neid mõneks tunniks soolaga maitsestatud vees. Loputage seda jooksva vee all ja asetage see ahjukindlasse kaussi. Tõsta aurutisse restile, kata kaanega ja keeda keevas vees umbes 10 minutit, kuni kõik karbid on avanenud. Visake ära kõik, mis jääb suletuks. Serveeri kastmetega.

Karbid oa idanditega

4 inimesele

24 merekarpi

15 ml/1 spl maapähkliõli

Sojaoad 150 g / 5 untsi

1 roheline paprika ribadeks lõigatud

2 murulauku (murulauk), hakitud

15 ml/1 spl riisiveini või kuiva šerrit

soola ja värskelt jahvatatud pipart

2,5 ml/¬Ω c. seesamiõli

50 g hakitud suitsusinki

Puhastage karbid hoolikalt ja leotage neid mõneks tunniks soolaga maitsestatud vees. Loputa jooksva vee all. Kuumuta pannil vesi keemiseni, lisa karbid ja küpseta neid mõni minut, kuni need avanevad. Tühjendage ja visake ära kõik avamata jäänud. Eemaldage karbid kestadest.

Kuumuta õli ja pruunista ubad 1 minut. Lisa pipar ja murulauk ning prae 2 minutit. Lisa vein või šerri ning maitsesta soola ja pipraga. Kuumuta, lisa karbid ja sega, kuni see on hästi segunenud ja läbi kuumenenud. Tõsta soojale taldrikule ning serveeri seesamiõli ja singiga piserdatuna.

Karbid ingveri ja küüslauguga

4 inimesele
24 merekarpi
15 ml/1 spl maapähkliõli
2 viilu hakitud ingverijuurt
2 purustatud küüslauguküünt
15 ml/1 supilusikatäis vett
5 ml/1 tl seesamiõli
soola ja värskelt jahvatatud pipart

Puhastage karbid hoolikalt ja leotage neid mõneks tunniks soolaga maitsestatud vees. Loputa jooksva vee all. Kuumuta õli ning prae ingverit ja küüslauku 30 sekundit. Lisa karbid, vesi ja seesamiõli, kata kaanega ja küpseta umbes 5 minutit, kuni karbid on avanenud. Visake ära kõik, mis jääb suletuks. Maitsesta kergelt soola ja pipraga ning serveeri kohe.

hautatud karbid

4 inimesele

24 merekarpi

60 ml/4 spl maapähkliõli

4 küüslauguküünt, hakitud

1 sibul hakitud

2,5 ml/¬Ω cc soola

Puhastage karbid hoolikalt ja leotage neid mõneks tunniks soolaga maitsestatud vees. Loputage jooksva vee all ja seejärel kuivatage. Kuumuta õli ning prae küüslauk, sibul ja sool pehmeks. Lisa karbid, kata ja keeda tasasel tulel umbes 5 minutit, kuni kõik kestad on avanenud. Visake ära kõik, mis jääb suletuks. Prae õrnalt veel 1 minut, üleni oliiviõliga.

krabikoogid

4 inimesele

225 g/8 untsi oad

60 ml/4 spl maapähkliõli 100 g/4 untsi ribadeks lõigatud bambusevõrseid

1 sibul hakitud

225 g purustatud krabiliha

4 muna kergelt lahti klopitud

15 ml / 1 spl maisitärklist (maisijahu)

30 ml/2 spl sojakastet

soola ja värskelt jahvatatud pipart

Blanšeeri oadud 4 minutit keevas vees, seejärel nõruta. Kuumuta pool õlist ning prae oad, bambusevõrsed ja sibul pehmeks. Tõsta pliidilt ja sega hulka ülejäänud koostisosad, välja arvatud oliiviõli. Kuumuta puhtal pannil ülejäänud õli ja prae koogikeste valmistamiseks lusikatäie krabilihasegu. Prae mõlemalt poolt kuldpruuniks ja serveeri kohe.

krabi kreem

4 inimesele

225 g/8 untsi krabiliha

5 lahtiklopitud muna

1 murulauk (murulauk) peeneks hakitud

250 ml / 8 untsi / 1 tass vett

5 ml/1 tl soola

5 ml/1 tl seesamiõli

Sega kõik koostisosad hästi läbi. Asetage see kaussi, katke ja asetage kuuma vette või aururestile. Keeda auruga umbes 35 minutit, kuni see muutub kreemjaks, aeg-ajalt segades. Serveeri riisiga.

Hiina lehtedega krabiliha

4 inimesele

450 g/1 naela tükeldatud hiina lehti
45 ml/3 spl taimeõli
2 murulauku (murulauk), hakitud
225 g/8 untsi krabiliha
15 ml/1 spl sojakastet
15 ml/1 spl riisiveini või kuiva šerrit
5 ml/1 tl soola

Blanšeeri hiina lehti 2 minutit keevas vees, nõruta korralikult ja loputa külmas vees. Kuumuta õli ja prae murulauk kergelt kuldseks. Lisa krabiliha ja pruunista 2 minutit. Lisa hiina lehed ja pruunista neid 4 minutit. Lisa sojakaste, vein või šerri ja sool ning sega korralikult läbi. Lisa puljong ja maisitärklis, kuumuta keemiseni ja keeda segades 2 minutit, kuni kaste muutub heledamaks ja pakseneb.

Foo Yung krabi oa võrsetega

4 inimesele

6 lahtiklopitud muna

45 ml / 3 spl maisijahu (maisitärklis)

225 g/8 untsi krabiliha

Sojaoad 100 g / 4 untsi

2 sibulat (murulauk), peeneks hakitud

2,5 ml/¬Ω cc soola

45 ml/3 spl maapähkliõli

Klopi lahti munad ja seejärel lisa maisitärklis. Segage ülejäänud koostisosad, välja arvatud oliiviõli. Kuumuta õli ja vala segu järk-järgult pannile, kuni moodustuvad umbes 3-sentimeetrise läbimõõduga pannkoogid. Prae põhjas kuldpruuniks, seejärel keera ja pruunista ka teine pool.

ingverkrabi

4 inimesele

15 ml/1 spl maapähkliõli

2 viilu hakitud ingverijuurt

4 šalottsibulat (murulauk), hakitud

3 purustatud küüslauguküünt

1 punane tšilli hakitud

350 g purustatud krabiliha

2,5 ml/¬Ω cc kalapastat

2,5 ml/¬Ω c. seesamiõli

15 ml/1 spl riisiveini või kuiva šerrit

5 ml/1 tl maisitärklist (maisitärklis)

15 ml/1 supilusikatäis vett

Kuumuta õli ja prae ingverit, sibulat, küüslauku ja pipart 2 minutit. Lisa krabiliha ja sega, kuni see on maitseainetega hästi kaetud. Lisa kalapasta. Sega ülejäänud koostisosad pastaks, lisa pannile ja prae 1 minut. Serveeri kohe.

Krabi Lo Mein

4 inimesele

Sojaoad 100 g / 4 untsi

30 ml/2 spl maapähkliõli

5 ml/1 tl soola

1 sibul viilutatud

100 g seeni, viilutatud

225 g purustatud krabiliha

100 g viiludeks lõigatud bambusevõrseid

Praetud nuudlid

30 ml/2 spl sojakastet

5 ml / 1 tl suhkrut

5 ml/1 tl seesamiõli

soola ja värskelt jahvatatud pipart

Blanšeeri oadud 5 minutit keevas vees, seejärel nõruta. Kuumuta õli ning prae sool ja sibul pehmeks. Lisa seened ja prae pehmeks. Lisa krabiliha ja pruunista 2 minutit. Lisa oa- ja bambusevõrsed ning prae 1 minut. Lisa pannile nõrutatud pasta ja sega õrnalt läbi. Sega sojakaste, suhkur ja seesamiõli ning maitsesta soola ja pipraga. Sega pannil läbi kuumutamiseni.

Praetud krabi sealihaga

4 inimesele

30 ml/2 spl maapähkliõli
100 g/4 untsi sealiha (tükeldatud)
350 g purustatud krabiliha
2 viilu hakitud ingverijuurt
2 muna kergelt lahtiklopitud
15 ml/1 spl sojakastet
15 ml/1 spl riisiveini või kuiva šerrit
30 ml/2 supilusikatäit vett
soola ja värskelt jahvatatud pipart
4 sibulat (murulauk), ribadeks lõigatud

Kuumuta õli ja pruunista sealiha kergelt pruuniks. Lisa krabiliha ja ingver ning prae 1 minut. Lisa munad. Lisa sojakaste, vein või šerri, vesi, sool ja pipar ning kuumuta segades umbes 4 minutit. Serveeri murulaukuga.

praetud krabiliha

4 inimesele

30 ml/2 spl maapähkliõli
450 g purustatud krabiliha
2 murulauku (murulauk), hakitud
2 viilu hakitud ingverijuurt
30 ml/2 spl sojakastet
30 ml/2 spl riisiveini või kuiva šerrit
2,5 ml/¬Ω cc soola
15 ml / 1 spl maisitärklist (maisijahu)
60 ml/4 spl vett

Kuumuta õli ja prae krabiliha, murulauku ja ingverit 1 minut. Lisa sojakaste, vein või šerri ja sool, kata kaanega ja küpseta 3 minutit. Kombineerige maisitärklis ja vesi pastaks, segage pannil ja keetke segades, kuni kaste muutub heledamaks ja paksemaks.

praetud seepia lihapallid

4 inimesele

450 g seepia

50 g hakitud seapekki

1 munavalge

2,5 ml/¬Ω c. suhkur

2,5 ml/¬Ω cc maisijahu (maisitärklis)

soola ja värskelt jahvatatud pipart

prae õli

Puhastage seepia ja vähendage need püreeks või püreeks. Sega pekk, munavalged, suhkur ja maisitärklis ning maitsesta soola ja pipraga. Suru segu pallideks. Kuumuta õli ja prae seepiapalle kasvõi vähehaaval, kuni need kerkivad pinnale ja muutuvad kuldseks. Nõruta hästi ja serveeri kohe.

Kantoni homaar

4 inimesele

2 homaari

30 ml/2 supilusikatäit õli

15 ml/1 spl musta oa kastet

1 purustatud küüslauguküüs

1 sibul hakitud

225g/8oz jahvatatud sealiha (jahvatatud)

45 ml/3 spl sojakastet

5 ml / 1 tl suhkrut

soola ja värskelt jahvatatud pipart

15 ml / 1 spl maisitärklist (maisijahu)

75 ml/5 spl vett

1 lahtiklopitud muna

Ava homaarid, eemalda viljaliha ja lõika 2,5 cm kuubikuteks. Kuumuta oliiviõli ja prae musta oa kaste, küüslauk ja sibul kuldpruuniks. Lisa sealiha ja prae pruuniks. Lisa sojakaste, suhkur, sool, pipar ja homaar, kata kaanega ja küpseta umbes 10 minutit. Segage maisitärklis ja vesi pastaks, lisage see pannile ja keetke segades, kuni kaste muutub heledamaks ja paksemaks. Enne serveerimist keera kuumus maha ja lisa muna.

praetud homaar

4 inimesele

450 g/1 nael homaari liha

30 ml/2 spl sojakastet

5 ml / 1 tl suhkrut

1 lahtiklopitud muna

30 ml / 3 spl nisujahu (universaalne)

prae õli

Lõika homaariliha 2,5 cm kuubikuteks ning maitsesta sojakastme ja suhkruga. Lase 15 minutit puhata ja seejärel nõruta. Lisa muna ja jahu, seejärel homaar ja sega ühtlaseks. Kuumuta õli ja prae homaar kuldpruuniks. Enne serveerimist kurna imaval paberil.

Aurutatud homaar singiga

4 inimesele

4 muna kergelt lahti klopitud

60 ml/4 spl vett

5 ml/1 tl soola

15 ml/1 spl sojakastet

450 g/1 naela murendatud homaariliha

15 ml/1 spl hakitud sinki

15 ml/1 spl hakitud värsket peterselli

Klopi munad lahti vee, soola ja sojakastmega. Vala kuumakindlasse kaussi ja puista üle homaarilihaga. Aseta kauss aurutisse restile, kata kaanega ja küpseta 20 minutit, kuni munad on hangunud. Serveeri singi ja peterselliga.

Homaar seentega

4 inimesele

450 g/1 nael homaari liha
15 ml / 1 spl maisitärklist (maisijahu)
60 ml/4 spl vett
30 ml/2 spl maapähkliõli
4 šalottsibulat (murulauk), lõigatud paksudeks viiludeks
100 g seeni, viilutatud
2,5 ml/¬Ω cc soola
1 purustatud küüslauguküüs
30 ml/2 spl sojakastet
15 ml/1 spl riisiveini või kuiva šerrit

Lõika homaari liha 2,5 cm kuubikuteks. Sega maisijahu ja vesi pastaks ning viska homaarikuubikud segusse katmiseks. Kuumuta pool oliiviõlist ja prae homaarikuubikud kergelt pruuniks. Eemaldage need pannilt. Kuumuta ülejäänud õli ja prae sibulaid kergelt pruunikaks. Lisa seened ja pruunista neid 3 minutit. Lisa sool, küüslauk, sojakaste ja vein või šerri ning prae 2 minutit. Tõsta homaar tagasi pannile ja prae, kuni see on läbi kuumenenud.

sea homaari sabad

4 inimesele

3 kuivatatud hiina seeni
4 homaari saba
60 ml/4 spl maapähkliõli
100 g/4 untsi sealiha (tükeldatud)
50 g vesikastanit, peeneks hakitud
soola ja värskelt jahvatatud pipart
2 purustatud küüslauguküünt
45 ml/3 spl sojakastet
30 ml/2 spl riisiveini või kuiva šerrit
30 ml/2 spl musta oa kastet
10 ml/2 spl maisitärklist (maisijahu)
120 ml/4 fl untsi/¬Ω tassi vett

Leota seeni 30 minutit soojas vees ja seejärel kurna. Eemaldage varred ja tükeldage otsad. Lõika homaari sabad pikuti pooleks. Eemaldage liha homaari sabadest, säilitades koored. Kuumuta pool oliiviõlist ja pruunista sealiha kergelt pruuniks. Tõsta tulelt ja lisa seened, homaariliha, vesikastanid, sool ja pipar. Asetage liha tagasi homaari kestadesse ja asetage küpsetusplaadile. Aseta aurutile restile, kata kaanega ja küpseta umbes 20 minutit, kuni see on küpsenud. Samal ajal kuumuta ülejäänud oliiviõli ja prae küüslauku, sojakastet, veini või šerrit ja musta oa kastet 2 minutit. Segage maisitärklis ja vesi pastaks, lisage see pannile ja keetke segades, kuni kaste pakseneb.

praetud homaar

4 inimesele

450 g/1 naela homaari sabad

30 ml/2 spl maapähkliõli

1 purustatud küüslauguküüs

2,5 ml/¬Ω cc soola

350 g sojaidusid

50 g šampinjoni seeni

4 šalottsibulat (murulauk), lõigatud paksudeks viiludeks

150 ml/¬° pt/¬Ω rikkalik tass kanapuljongit

15 ml / 1 spl maisitärklist (maisijahu)

Aja pott vesi keema, lisa homaari sabad ja keeda 1 minut. Nõruta, lase jahtuda, eemalda nahk ja lõika paksudeks viiludeks. Kuumuta oliiviõli koos küüslaugu ja soolaga ning prae, kuni küüslauk on kergelt pruunistunud. Lisa homaar ja pruunista 1 minut. Lisa oad ja seened ning prae 1 minut. Lisa murulauk. Lisa suurem osa puljongist, kuumuta keemiseni, kata kaanega ja keeda 3 minutit. Sega maisitärklis ülejäänud puljongiga, vala pannile ja keeda segades, kuni kaste muutub heledamaks ja pakseneb.

homaari pesad

4 inimesele

30 ml/2 spl maapähkliõli

5 ml/1 tl soola

1 sibul, õhukeselt viilutatud

100 g seeni, viilutatud

4 untsi/100 g bambusevõrseid, viilutatud 8 untsi/225 g

keedetud homaariliha

15 ml/1 spl riisiveini või kuiva šerrit

120 ml/4 fl untsi/¬Ω tassi kanapuljongit

näputäis värskelt jahvatatud pipart

10 ml/2 tl maisitärklist (maisijahu)

15 ml/1 supilusikatäis vett

4 korvi tagliatelle

Kuumuta õli ning prae sool ja sibul pehmeks. Lisa seened ja bambusevõrsed ning prae 2 minutit. Lisa homaari liha, vein või šerri ja puljong, kuumuta keemiseni, kata kaanega ja küpseta 2 minutit. Maitsesta pipraga. Vahusta maisitärklis ja vesi pastaks, lisa pannile ja kuumuta segades, kuni kaste pakseneb. Asetage nuudlipesad kuumutatud taldrikule ja pange peale praetud homaar.

Rannakarbid musta oa kastmes

4 inimesele

45 ml/3 spl maapähkliõli
2 purustatud küüslauguküünt
2 viilu hakitud ingverijuurt
30 ml/2 spl musta oa kastet
15 ml/1 spl sojakastet
1,5 kg pestud ja grillitud rannakarpe
2 murulauku (murulauk), hakitud

Kuumuta õli ning prae küüslauku ja ingverit 30 sekundit. Lisa musta oa kaste ja sojakaste ning prae 10 sekundit. Lisa rannakarbid, kata ja küpseta umbes 6 minutit, kuni rannakarbid on avanenud. Visake ära kõik, mis jääb suletuks. Tõsta soojale taldrikule ja serveeri murulauguga üle puistatuna.

rannakarbid ingveriga

4 inimesele

45 ml/3 spl maapähkliõli
2 purustatud küüslauguküünt
4 viilu hakitud ingverijuurt
1,5 kg pestud ja grillitud rannakarpe
45 ml/3 supilusikatäit vett
15 ml/1 spl austrikastet

Kuumuta õli ning prae küüslauku ja ingverit 30 sekundit. Lisa rannakarbid ja vesi, kata kaanega ja küpseta umbes 6 minutit, kuni rannakarbid on avanenud. Visake ära kõik, mis jääb suletuks. Tõsta soojale taldrikule ja serveeri austrikastmega üle niristatud.

keedetud rannakarbid

4 inimesele

1,5 kg pestud ja grillitud rannakarpe
45 ml/3 spl sojakastet
3 murulauku (murulauk), peeneks hakitud

Asetage rannakarbid auruti restile, katke kaanega ja keetke keevas vees umbes 10 minutit, kuni kõik rannakarbid on avanenud. Visake ära kõik, mis jääb suletuks. Tõsta soojale taldrikule ja serveeri sojakastme ja murulauguga piserdatuna.

praetud austrid

4 inimesele

24 tükeldatud austrit
soola ja värskelt jahvatatud pipart
1 lahtiklopitud muna
50 g/2 untsi/¬Ω tassi tavalist jahu (universaalne)
250 ml / 8 untsi / 1 tass vett
prae õli
4 šalottsibulat (murulauk), hakitud

Puista austrid soola ja pipraga. Vahusta muna jahu ja veega, kuni saad taigna ja kasuta seda austrite katmiseks. Kuumuta õli ja prae austrid kuldpruuniks. Nõruta imaval paberil ja serveeri murulauguga kaunistatult.

austrid peekoniga

4 inimesele

Peekon 175 g/6 untsi

24 tükeldatud austrit

1 kergelt lahtiklopitud muna

15 ml/1 supilusikatäis vett

45 ml/3 spl maapähkliõli

2 hakitud sibulat

15 ml / 1 spl maisitärklist (maisijahu)

15 ml/1 spl sojakastet

90 ml/6 spl kanapuljongit

Lõika peekon väikesteks tükkideks ja keera tükk iga austri ümber. Klopi muna veega lahti ja kasta see austrite sisse, et need katta. Kuumuta pool õlist ja prae austrid mõlemalt poolt kuldpruuniks, eemalda pannilt ja nõruta rasv. Kuumuta ülejäänud õli ja prae sibul pehmeks. Segage maisitärklis, sojakaste ja puljong pastaks, valage pannile ja keetke segades, kuni kaste muutub heledamaks ja paksemaks. Vala austritele ja serveeri kohe.

Praetud austrid ingveriga

4 inimesele

24 tükeldatud austrit
2 viilu hakitud ingverijuurt
30 ml/2 spl sojakastet
15 ml/1 spl riisiveini või kuiva šerrit
4 sibulat (murulauk), ribadeks lõigatud
100 g/4 untsi peekonit
1 muna
50 g/2 untsi/¬Ω tassi tavalist jahu (universaalne)
soola ja värskelt jahvatatud pipart
prae õli
1 sidrun viiludeks lõigatud

Asetage austrid kaussi koos ingveri, sojakastme ja veini või šerriga ning segage hästi. Laske 30 minutit puhata. Aseta igale austrile paar murulauku. Lõika peekon väikesteks tükkideks ja keera tükk iga austri ümber. Klopi muna ja jahu pastaks ning maitsesta soola ja pipraga. Kastke austrid taignasse, kuni need on hästi kaetud. Kuumuta õli ja prae austrid kuldpruuniks. Serveeri sidruniviiludega kaunistatult.

Austrid musta oa kastmega

4 inimesele

Kooritud austrid 350g / 12oz
120 ml/4 fl untsi/¬Ω tassi maapähkliõli
2 purustatud küüslauguküünt
3 talisibulat (scallions), viilutatud
15 ml/1 spl musta oa kastet
30 ml/2 spl tumedat sojakastet
15 ml/1 spl seesamiõli
näputäis tšillipulbrit

Blanšeeri austreid 30 sekundit keevas vees, seejärel nõruta. Kuumuta oliiviõli ja prae küüslauku ja murulauku 30 sekundit. Lisa musta oa kaste, sojakaste, seesami- ja austriõli ning maitsesta tšillipulbriga. Prae hästi küpseks ja serveeri kohe.

Kammkarbid bambusevõrsetega

4 inimesele

60 ml/4 spl maapähkliõli

6 murulauku (murulauk), hakitud

225 g seeni, lõigatud neljaks

15 ml/1 spl suhkrut

450 g kooritud kammkarpe

2 viilu hakitud ingverijuurt

225 g bambusevõrseid, viilutatud

soola ja värskelt jahvatatud pipart

300 ml/¬Ω pt/1¬° tass vett

30 ml/2 spl veiniäädikat

30 ml / 2 spl maisitärklist (maisijahu)

150 ml/¬° pt/¬Ω suur klaas vett

45 ml/3 spl sojakastet

Kuumuta õli ning prae sibulaid ja seeni 2 minutit. Lisa suhkur, kammkarbid, ingver, bambusevõrsed, sool ja pipar, kata kaanega ja küpseta 5 minutit. Lisa vesi ja veiniäädikas, kuumuta keemiseni, kata kaanega ja keeda 5 minutit. Sega maisijahu ja vesi pastaks, lisa pannile ja küpseta segades, kuni kaste pakseneb. Maitsesta sojakastmega ja serveeri.

kammkarbid munaga

4 inimesele

45 ml/3 spl maapähkliõli
350 g kooritud kammkarpe
25 g/1 unts tükeldatud suitsusinki
30 ml/2 spl riisiveini või kuiva šerrit
5 ml / 1 tl suhkrut
2,5 ml/½ cc soola
näputäis värskelt jahvatatud pipart
2 muna kergelt lahtiklopitud
15 ml/1 spl sojakastet

Kuumuta oliiviõli ja pruunista kammkarpe 30 sekundit. Lisa sink ja pruunista 1 minut. Lisage vein või šerri, suhkur, sool ja pipar ning hautage 1 minut. Lisa munad ja sega õrnalt kõrgel kuumusel, kuni koostisosad on munaga hästi segunenud. Serveeri sojakastmega üle niristatuna.

kammkarbid brokkoliga

4 inimesele

350 g viilutatud kammkarpe

3 viilu hakitud ingverijuurt

¬Ω porgand väikesteks viiludeks

1 purustatud küüslauguküüs

45 ml / 3 spl nisujahu (universaalne)

2,5 ml/¬Ω c. naatriumvesinikkarbonaat

(naatriumvesinikkarbonaat)

30 ml/2 spl maapähkliõli

15 ml/1 supilusikatäis vett

1 viilutatud banaan

prae õli

275 g brokkolit

soola

5 ml/1 tl seesamiõli

2,5 ml/¬Ω teelusikatäis tšillikastet

2,5 ml/¬Ω cc veiniäädikat

2,5 ml/¬Ω cc tomatipüree (kontsentraat)

Sega kammkarbid ingveri, porgandi ja küüslauguga ning jäta puhkama. Segage jahu, soodavesinikkarbonaat, 15 ml/1 spl õli ja vesi pastaks ning kasutage seda banaaniviilude katmiseks. Kuumuta oliiviõli ja prae banaan kuldpruuniks, seejärel nõruta ja laota soojale taldrikule. Vahepeal keeda brokkoli soolaga maitsestatud keevas vees pehmeks, seejärel nõruta. Kuumuta ülejäänud oliiviõli koos seesamiõliga ja pruunista korraks brokkoli ning laota see taldrikule koos banaanidega. Lisa pannile piprakaste, veiniäädikas ja tomatipüree ning prae kammkarbid pehmeks. need on värskelt keedetud. Vala taldrikule ja serveeri kohe.

kammkarbid ingveriga

4 inimesele

45 ml/3 spl maapähkliõli

2,5 ml/¬Ω cc soola

3 viilu hakitud ingverijuurt

2 sibulat (murulauk), lõigatud paksudeks viiludeks

450 g kooritud kammkarpe, pooleks lõigatud

15 ml / 1 spl maisitärklist (maisijahu)

60 ml/4 spl vett

Kuumutage oliiviõli ja hautage soola ja ingverit 30 sekundit. Lisa šalottsibul ja prae kergelt pruunikaks. Lisa kammkarbid ja prae neid 3 minutit. Segage maisijahu ja vesi, kuni moodustub pasta, lisage see pannile ja küpseta segades, kuni see pakseneb. Serveeri kohe.

kammkarbid singiga

4 inimesele

450 g kooritud kammkarpe, pooleks lõigatud
8 fl untsi/1 tass riisiveini või kuiva šerrit
1 sibul hakitud
2 viilu hakitud ingverijuurt
2,5 ml/¬Ω cc soola
100g/4oz hakitud suitsusinki

Aseta kammkarbid kaussi ja lisa vein või šerri. Katke ja marineerige 30 minutit, aeg-ajalt keerates, seejärel kurnake kammkarbid ja visake marinaad ära. Laota kammkarbid koos teiste koostisosadega ahjuvormi. Aseta roog auruti restile, kata ja keeda keevas vees umbes 6 minutit, kuni kammkarbid on pehmed.

Maitsetaimedega segatud kammkarbid

4 inimesele

225 g kooritud kammkarpe
30 ml/2 spl hakitud värsket koriandrit
4 lahtiklopitud muna
15 ml/1 spl riisiveini või kuiva šerrit
soola ja värskelt jahvatatud pipart
15 ml/1 spl maapähkliõli

Aseta kammkarbid aurutisse ja küpseta umbes 3 minutit, kuni need on küpsed, olenevalt nende suurusest. Tõsta aurult ja puista üle koriandriga. Klopi munad veini või šerriga lahti ja maitsesta soola ja pipraga. Lisa kammkarbid ja koriander. Kuumuta oliiviõli ning prae muna ja kammkarbi segus pidevalt segades, kuni munad on hangunud. Serveeri kohe.

Praetud kammkarbid ja sibul

4 inimesele

45 ml/3 spl maapähkliõli
1 sibul viilutatud
450 g kooritud kammkarpe, lõigatud neljaks
soola ja värskelt jahvatatud pipart
15 ml/1 spl riisiveini või kuiva šerrit

Kuumuta õli ja prae sibul pehmeks. Lisa kammkarbid ja prae kergelt pruunikaks. Maitsesta soola ja pipraga, vala juurde vein või šerri ning serveeri kohe.

kammkarbid köögiviljadega

4,Äi6 jaoks

4 kuivatatud hiina seeni

2 sibulat

30 ml/2 spl maapähkliõli

3 selleripulka, lõigatud diagonaalselt

8 untsi/225 g rohelisi ube, lõigatud diagonaalselt

10 ml/2 tl riivitud ingverijuurt

1 purustatud küüslauguküüs

20 ml/4 tl maisitärklist (maisijahu)

250 ml / 8 untsi / 1 tass kanapuljongit

30 ml/2 spl riisiveini või kuiva šerrit

30 ml/2 spl sojakastet

450 g kooritud kammkarpe, lõigatud neljaks

6 talisibulat (scallions), viilutatud

425g/15oz konserveeritud beebimais

Leota seeni 30 minutit soojas vees ja seejärel kurna. Eemaldage varred ja lõigake otsad. Lõika sibul viiludeks ja eralda kihid. Kuumuta õli ja prae sibulat, sellerit, ube, ingverit ja küüslauku 3 minutit. Sega maisitärklis vähese puljongiga ning lisa ülejäänud puljong, vein või šerri ja sojakaste. Lisa vokkpannile ja kuumuta segades keemiseni. Lisa seened, kammkarbid, talisibul ja mais ning prae umbes 5 minutit, kuni kammkarbid on pehmed.

Kammkarbid paprikaga

4 inimesele

30 ml/2 spl maapähkliõli

3 murulauku (murulauk), hakitud

1 purustatud küüslauguküüs

2 viilu hakitud ingverijuurt

2 kuubikuteks lõigatud punast paprikat

450 g kooritud kammkarpe

30 ml/2 spl riisiveini või kuiva šerrit

15 ml/1 spl sojakastet

15 ml/1 spl kollase oa kastet

5 ml / 1 tl suhkrut

5 ml/1 tl seesamiõli

Kuumuta õli ning prae murulauku, küüslauku ja ingverit 30 sekundit. Lisa paprika ja pruunista neid 1 minut. Lisa kammkarbid ja prae 30 sekundit, seejärel lisa ülejäänud ained ja küpseta umbes 3 minutit, kuni kammkarbid on pehmed.

Krevetid oa idanditega

4 inimesele

450 g / 1 naela kalamari

30 ml/2 spl maapähkliõli

15 ml/1 spl riisiveini või kuiva šerrit

Sojaoad 100 g / 4 untsi

15 ml/1 spl sojakastet

soola

1 riivitud punane tšillipipar

2 viilu riivitud ingverijuurt

2 murulauku (murulauk), hakitud

Eemaldage kalmaaridelt pea, ümbris ja membraan ning lõigake need suurteks tükkideks. Lõika igasse tükki ruudustik.

Kuumuta pannil vesi keemiseni, lisa kalamari ja küpseta, kuni tükid kõverduvad, seejärel eemalda ja nõruta. Kuumuta pool oliiviõlist ja pruunista kalmaar kiiresti. Maitsesta veini või šerriga. Vahepeal kuumuta ülejäänud õli ja hauta oadud pehmeks. Maitsesta sojakastme ja soolaga. Laota serveerimistaldrikule pipar, ingver ja talisibul. Aseta keskele oad ja lisa kalmaar. Serveeri kohe.

praetud kalmaar

4 inimesele

2 untsi / 50 g tavalist jahu (universaalne)

25 g/1 untsi/¬° tassi maisijahu (maisitärklis)

2,5 ml/¬Ω c. küpsetuspulber

2,5 ml/¬Ω cc soola

1 muna

75 ml/5 spl vett

15 ml/1 spl maapähkliõli

450 g/1 naela viilutatud kalamari

prae õli

Vahusta jahu, maisitärklis, küpsetuspulber, sool, muna, vesi ja õli, kuni moodustub tainas. Kastke kalmaar taignasse, kuni see on hästi kaetud. Kuumuta õli ja prae kalmaari paar tükki korraga kuldpruuniks. Enne serveerimist kurna imaval paberil.

Kalamari pakid

4 inimesele

8 kuivatatud hiina seeni

450 g / 1 naela kalamari

Suitsusink 100g/4oz

100 g tofut

1 lahtiklopitud muna

15 ml / 1 spl nisujahu (universaalne)

2,5 ml/¬Ω c. suhkur

2,5 ml/¬Ω c. seesamiõli

soola ja värskelt jahvatatud pipart

8 wontoni nahka

prae õli

Leota seeni 30 minutit soojas vees ja seejärel kurna. Visake varred ära. Koorige kalmaar ja lõigake 8 tükiks. Lõika sink ja tofu 8 tükiks. Asetage need kõik kaussi. Sega muna jahu, suhkru, seesamiõli, soola ja pipraga. Vala koostisosad kaussi ja sega õrnalt läbi. Asetage seenekübar ja tükk kalmaari, sinki ja tofut iga wontoni kesta keskosa alla. Voldi alumine nurk kokku, keera küljed kokku ja rulli kokku, niisutades servi tihendamiseks veega. Kuumuta õli ja prae papilloteid umbes 8 minutit, kuni need on kuldpruunid. Nõruta enne serveerimist hästi.

praetud kalamari rullid

4 inimesele

45 ml/3 spl maapähkliõli

Kalmaari rõngad 225g/8oz

1 suur roheline paprika, lõigatud tükkideks

100 g viiludeks lõigatud bambusevõrseid

2 sibulat (murulauk), peeneks hakitud

1 viil ingverijuurt, peeneks hakitud

45 ml/2 spl sojakastet

30 ml/2 spl riisiveini või kuiva šerrit

15 ml / 1 spl maisitärklist (maisijahu)

15 ml/1 spl kalapuljongit või vett

5 ml / 1 tl suhkrut

5 ml/1 tl veiniäädikat

5 ml/1 tl seesamiõli

soola ja värskelt jahvatatud pipart

Kuumuta 15 ml/1 spl õli ja prae kalmaarirõngad kiiresti tahkeks. Samal ajal kuumuta eraldi pannil ülejäänud õli ning hauta paprikat, bambusevõrseid, talisibulat ja ingverit 2 minutit. Lisa kalmaar ja pruunista neid 1 minut. Sega sojakaste, vein või šerri, maisitärklis, puljong, suhkur, veiniäädikas ja seesamiõli ning maitsesta soola ja pipraga. Prae, kuni kaste muutub heledamaks ja paksemaks.

praetud kalmaar

4 inimesele

45 ml/3 spl maapähkliõli
3 talisibulat (sibulat), lõigatud paksudeks viiludeks
2 viilu hakitud ingverijuurt
450 g tükkideks lõigatud kalmaari
15 ml/1 spl sojakastet
15 ml/1 spl riisiveini või kuiva šerrit
5 ml/1 tl maisitärklist (maisitärklis)
15 ml/1 supilusikatäis vett

Kuumuta õli ning prae talisibul ja ingver pehmeks. Lisa kalmaar ja pruunista, kuni need on õliga kaetud. Lisa sojakaste ja vein või šerri, kata kaanega ja küpseta 2 minutit. Sega maisijahu veega pastaks, lisa pannile ja küpseta segades, kuni kaste pakseneb ja kalamari on pehme.

Krevetid Kuivatatud seentega

4 inimesele

50 g kuivatatud hiina seeni
Kalmaari rõngad 450 g/1 nael
45 ml/3 spl maapähkliõli
45 ml/3 spl sojakastet
2 sibulat (murulauk), peeneks hakitud
1 viil ingverijuurt, tükeldatud
225 g ribadeks lõigatud bambusevõrseid
30 ml / 2 spl maisitärklist (maisijahu)
150 ml/¬° pt/¬Ω rikkalik tass kalapuljongit

Leota seeni 30 minutit soojas vees ja seejärel kurna. Eemaldage varred ja lõigake otsad. Blanšeeri kalmaariviile mõni sekund keevas vees. Kuumuta õli, lisa seened, sojakaste, murulauk ja ingver ning prae 2 minutit. Lisa kalmaar ja bambusevõrsed ning prae 2 minutit. Kombineeri maisitärklis ja puljong ning sega pannile. Küpseta segades, kuni kaste muutub heledamaks ja paksemaks.

kalamari köögiviljadega

4 inimesele

45 ml/3 spl maapähkliõli

1 sibul viilutatud

5 ml/1 tl soola

450 g tükkideks lõigatud kalmaari

100 g viiludeks lõigatud bambusevõrseid

2 varssellerit, lõigatud diagonaalselt

60 ml/4 spl kanapuljongit

5 ml / 1 tl suhkrut

100 g herneid

5 ml / 1 tl maisitärklist (maisitärklist)

15 ml/1 supilusikatäis vett

Kuumuta õli ning prae sibul ja sool kergelt pruuniks. Lisa kalamari ja prae õlis kattumiseni. Lisa bambusevõrsed ja seller ning prae 3 minutit. Lisa puljong ja suhkur, lase keema tõusta, kata ja keeda 3 minutit, kuni köögiviljad on pehmed. See siseneb neerudesse. Vahusta maisitärklis ja vesi pastaks, lisa pannile ja kuumuta segades, kuni kaste pakseneb.

Aniis rostbiif

4 inimesele

30 ml/2 spl maapähkliõli

Maniokipraad 450 g/1 nael

1 purustatud küüslauguküüs

45 ml/3 spl sojakastet

15 ml/1 supilusikatäis vett

15 ml/1 spl riisiveini või kuiva šerrit

5 ml/1 tl soola

5 ml / 1 tl suhkrut

2 tähtaniisi kauna

Kuumuta õli ja prae liha igast küljest pruuniks. Lisa ülejäänud ained, lase keema tõusta, kata ja jäta umbes 45 minutiks küpsema, seejärel keera liha ümber, lisades veidi vett ja sojakastet, kui liha on kuiv. Küpseta veel 45 minutit, kuni liha on pehme. Enne serveerimist keera tähtaniis lahti.

liha spargliga

4 inimesele

450 g kuubikuteks lõigatud kintsuliha

30 ml/2 spl sojakastet

30 ml/2 spl riisiveini või kuiva šerrit

45 ml / 3 spl maisijahu (maisitärklis)
45 ml/3 spl maapähkliõli
5 ml/1 tl soola
1 purustatud küüslauguküüs
350 g/12 untsi spargliotsad
120 ml/4 fl untsi/¬Ω tassi kanapuljongit
15 ml/1 spl sojakastet

Aseta praad kaussi. Sega omavahel sojakaste, vein või šerri ja 2 supilusikatäit/30 ml maisitärklist, vala lihale ja sega korralikult läbi. Lase 30 minutit marineerida. Kuumuta oliiviõli koos soola ja küüslauguga ning prae, kuni küüslauk on kergelt pruunistunud. Lisa liha ja marinaad ning lase 4 minutit pruunistuda. Lisa spargel ja pruunista neid õrnalt 2 minutit. Lisa puljong ja sojakaste, kuumuta keemiseni ja küpseta segades 3 minutit, kuni liha on küps. Sega ülejäänud maisijahu veel vähese vee või puljongiga ja lisa kastmele. Küpseta segades mõni minut, kuni kaste muutub heledamaks ja paksemaks.

Veiseliha bambusevõrsetega

4 inimesele

45 ml/3 spl maapähkliõli

1 purustatud küüslauguküüs

1 šalottsibul (roheline sibul), hakitud

1 viil ingverijuurt, tükeldatud

225 g tailiha ribadeks lõigatud

100 g bambusevõrseid

45 ml/3 spl sojakastet

15 ml/1 spl riisiveini või kuiva šerrit

5 ml/1 tl maisitärklist (maisitärklis)

Kuumuta õli ning prae küüslauku, murulauku ja ingverit kergelt pruunikaks. Lisa liha ja prae 4 minutit, kuni see on kergelt pruunistunud. Lisa bambusevõrsed ja prae 3 minutit. Lisa sojakaste, vein või šerri ja maisitärklis ning prae 4 minutit.

Veiseliha bambusevõrsete ja seentega

4 inimesele

225g/8oz tailiha

45 ml/3 spl maapähkliõli

1 viil ingverijuurt, tükeldatud

100 g viiludeks lõigatud bambusevõrseid

100 g seeni, viilutatud

45 ml/3 spl riisiveini või kuiva šerrit

5 ml / 1 tl suhkrut

10 ml/2 tl sojakastet

sool ja pipar

120 ml/4 fl oz/¬Ω tassi veiselihapuljongit

15 ml / 1 spl maisitärklist (maisijahu)

30 ml/2 supilusikatäit vett

Lõika liha õhukesteks viiludeks vastu tera. Kuumuta õli ja prae ingverit paar sekundit. Lisa liha ja prae kuldpruuniks. Lisa bambusevõrsed ja seened ning prae 1 minut. Lisa vein või šerri, suhkur ja sojakaste ning maitsesta soola ja pipraga. Lisa puljong, lase keema tõusta, kata ja keeda 3 minutit. Sega omavahel maisitärklis ja vesi, vala pannile ja küpseta segades, kuni kaste pakseneb.

Hiina rostbiif

4 inimesele

45 ml/3 spl maapähkliõli

900 g / 2 naela praad

1 šalottsibul (roheline sibul), viilutatud

1 hakitud küüslauguküüs

1 viil ingverijuurt, tükeldatud

60 ml/4 spl sojakastet

30 ml/2 spl riisiveini või kuiva šerrit

5 ml / 1 tl suhkrut

5 ml/1 tl soola

näputäis pipart

750 ml / 1. punkt / 3 tassi keeva vett

Kuumuta õli ja pruunista liha kiiresti igast küljest. Lisa sibul, küüslauk, ingver, sojakaste, vein või šerri, suhkur, sool ja pipar. Lase segades keema. Lisa keev vesi, kuumuta segades keemiseni, kata kaanega ja küpseta umbes 2 tundi, kuni liha on pehme.

Veiseliha oa võrsetega

4 inimesele

450 g/1 nael lahja veiseliha, viilutatud

1 munavalge

30 ml/2 spl maapähkliõli

15 ml / 1 spl maisitärklist (maisijahu)

15 ml/1 spl sojakastet

Sojaoad 100 g / 4 untsi

25 g/1 unts hakitud marineeritud kapsast

1 riivitud punane tšillipipar

2 murulauku (murulauk), hakitud

2 viilu riivitud ingverijuurt

soola

5 ml/1 tl austrikastet

5 ml/1 tl seesamiõli

Sega liha munavalge, poole oliiviõli, maisitärklise ja sojakastmega ning jäta 30 minutiks seisma. Blanšeeri oadud keevas vees umbes 8 minutit, kuni need on peaaegu pehmed, seejärel nõruta. Kuumuta ülejäänud õli ja pruunista liha kuni pruunistumiseni, seejärel eemalda pannilt. Lisa marineeritud kapsas, pipar, ingver, sool, austrikaste ja seesamiõli ning prae 2 minutit. Lisa oad ja pruunista neid 2 minutit. Tõsta liha tagasi pannile ja pruunista, kuni see on hästi segunenud ja läbi kuumutatud. Serveeri kohe.

Veiseliha brokkoliga

4 inimesele

450 g õhukeseks viilutatud kintsuliha
30 ml / 2 spl maisitärklist (maisijahu)
15 ml/1 spl riisiveini või kuiva šerrit
15 ml/1 spl sojakastet
30 ml/2 spl maapähkliõli
5 ml/1 tl soola
1 purustatud küüslauguküüs
225 g brokoli õisikuid
150 ml/¬° pt/¬Ω rikkalik tass lihapuljongit

Aseta praad kaussi. Sega 15ml/1 tl maisitärklist veini või šerri ja sojakastmega, vala lihale ja jäta 30 minutiks marineeruma. Kuumuta oliiviõli koos soola ja küüslauguga ning prae, kuni küüslauk on kergelt pruunistunud. Lisa praad ja marinaad ning prae 4 minutit. Lisa brokkoli ja prae 3 minutit. Lisa puljong, kuumuta keemiseni, kata kaanega ja keeda 5 minutit, kuni brokkoli on pehme, kuid siiski krõmpsuv. Sega ülejäänud maisitärklis vähese veega ja lisa kastmele. Küpseta segades, kuni kaste muutub heledamaks ja paksemaks.

Seesami veiseliha brokkoliga

4 inimesele

150 g lahja veiseliha, lõigatud õhukesteks viiludeks

2,5 ml/¬Ω teelusikatäis austrikastet

5 ml/1 tl maisitärklist (maisitärklis)

5 ml/1 tl valge veini äädikat

60 ml/4 spl maapähkliõli

100 g/4 untsi brokkoli õisikud

5 ml/1 tl kalakastet

2,5 ml/¬Ω teelusikatäis sojakastet

250 ml / 8 untsi / 1 tass veiselihapuljongit

30 ml/2 spl seesamiseemneid

Marineerige liha austrikastme, 2,5 ml/¬Ω teelusikatäie maisitärklise, 2,5 ml/¬Ω teelusikatäie veiniäädika ja 15 ml/¬Ω teelusikatäie õliga iga 1 tunni järel.

Samal ajal kuumuta 15 ml/1 spl õli, lisa brokoli, 2,5 ml/¬Ω tl kalakastet, sojakaste ja ülejäänud veiniäädikas ning kata keeva veega. Küpseta umbes 10 minutit, kuni see on pehme.

Kuumuta eraldi pannil 30ml/2spl õli ja pruunista liha korraks pruuniks. Lisa puljong, ülejäänud maisitärklis ja kalakaste, kuumuta keemiseni, kata kaanega ja keeda umbes 10 minutit, kuni liha on pehme. Nõruta brokkoli ja laota see soojale taldrikule. Lisa liha ja puista rohkelt seesamiseemneid.

grillitud liha

4 inimesele

450 g/1 nael lahja veiseliha, viilutatud

60 ml/4 spl sojakastet

2 purustatud küüslauguküünt

5 ml/1 tl soola

2,5 ml/¬Ω c. värskelt jahvatatud pipar

10 ml/2 tl suhkrut

Sega kõik ained kokku ja jäta 3 tunniks marineerima. Grilli või prae kuumal grillil umbes 5 minutit mõlemalt poolt.

Kantoni liha

4 inimesele

30 ml / 2 spl maisitärklist (maisijahu)

2 munavalget, lahtiklopitud

450 g/1 naela praad, ribadeks lõigatud

prae õli

4 sellerivart, viilutatud

2 sibulat viilutatud
60 ml/4 spl vett
20 ml/4 tl soola
75 ml/5 spl sojakastet
60 ml / 4 spl riisiveini või kuiva šerrit
30 ml / 2 spl suhkrut
värskelt jahvatatud pipar

Sega pool maisitärklist munavalgetega. Lisa praad ja sega, et liha kataks taignaga. Kuumuta õli ja prae praad kuldpruuniks. Tõsta pannilt ja nõruta imavale paberile. Kuumuta 15 ml/1 spl õli ja prae sellerit ja sibulat 3 minutit. Lisa liha, vesi, sool, sojakaste, vein või šerri ja suhkur ning maitsesta pipraga. Kuumuta keemiseni ja keeda segades, kuni kaste pakseneb.

Liha porgandiga

4 inimesele
30 ml/2 spl maapähkliõli
450 g/1 nael lahja veiseliha, kuubikuteks lõigatud
2 talisibulat (scallions), viilutatud
2 purustatud küüslauguküünt
1 viil ingverijuurt, tükeldatud
250 ml/8 untsi/1 tass sojakastet

30 ml/2 spl riisiveini või kuiva šerrit

30 ml/2 spl fariinsuhkrut

5 ml/1 tl soola

600ml/1pt/2Ω veetopsid

4 diagonaalselt lõigatud porgandit

Kuumuta õli ja prae liha kergelt pruunikaks. Nõruta üleliigne õli ning lisa talisibul, küüslauk, ingver ja apteegitill ning prae 2 minutit. Lisa sojakaste, vein või šerri, suhkur ja sool ning sega korralikult läbi. Lisa vesi, lase keema tõusta, kata kaanega ja keeda 1 tund. Lisa porgandid, kata ja küpseta veel 30 minutit. Eemaldage kaas ja küpseta, kuni kaste on vähenenud.

Liha india pähklitega

4 inimesele

60 ml/4 spl maapähkliõli

450 g õhukeseks viilutatud kintsuliha

8 šalottsibulat (murulauk), lõigatud tükkideks

2 purustatud küüslauguküünt

1 viil ingverijuurt, tükeldatud

75 g / 3 untsi / ¬œ tassi röstitud india pähkleid

120 ml/4 fl untsi/¬Ω tassi vett

20 ml/4 tl maisitärklist (maisijahu)

20 ml/4 tl sojakastet

5 ml/1 tl seesamiõli

5 ml/1 tl austrikastet

Piprakaste 5 ml/1 tl

Kuumuta pool oliiviõlist ja pruunista liha kergelt pruuniks. Eemalda pannilt. Kuumuta ülejäänud oliiviõli ja prae murulauku, küüslauku, ingverit ja india pähkleid 1 minut. Tõsta liha tagasi pannile. Sega ülejäänud koostisosad ja vala segu pannile. Kuumuta keemiseni ja keeda segades, kuni segu pakseneb.

aeglane pajaroog

4 inimesele

30 ml/2 spl maapähkliõli

450 g rostbiifi, kuubikuteks lõigatud

3 viilu hakitud ingverijuurt

3 viilutatud porgandit

1 kaalikas kuubikuteks lõigatud

15 ml/1 spl kivideta datleid

15 ml / 1 spl lootoseseemneid

30 ml / 2 spl tomatipüreed (pasta)

10 ml / 2 spl soola

900 ml/1¬Ω punkti/3¬œ tassi veisepuljongit

8 fl untsi/1 tass riisiveini või kuiva šerrit

Kuumuta oliiviõli suures Hollandi ahjus või ahjukindlas pannil ja prae liha igast küljest pruuniks.

Veiseliha lillkapsaga

4 inimesele

225 g lillkapsa õisikuid

prae õli

225 g/8 untsi veiseliha, ribadeks lõigatud

50 g ribadeks lõigatud bambusevõrseid

10 vesikastanit, lõigatud ribadeks

120 ml/4 fl untsi/¬Ω tassi kanapuljongit

15 ml/1 spl sojakastet

15 ml/1 spl austrikastet

15 ml / 1 spl tomatipüreed (pasta)

15 ml / 1 spl maisitärklist (maisijahu)

2,5 ml/¬Ω c. seesamiõli

Keeda lillkapsast 2 minutit keevas vees ja nõruta. Kuumuta õli ja prae lillkapsast kuni see on kergelt kuldne. Võta ahjust välja ja lase imaval paberil nõrguda. Kuumuta õli ja prae liha kuldpruuniks, eemalda ja nõruta. Valage õli peale 15 ml/1 spl ja praege bambusevõrseid ja kastaneid 2 minutit. Lisa ülejäänud ained, lase keema tõusta ja keeda segades, kuni kaste pakseneb. Tõsta liha ja lillkapsas pannile tagasi ning kuumuta õrnalt. Serveeri kohe.

Veiseliha selleriga

4 inimesele

100 g sellerit ribadeks lõigatud

45 ml/3 spl maapähkliõli

2 murulauku (murulauk), hakitud

1 viil ingverijuurt, tükeldatud

225 g tailiha ribadeks lõigatud

30 ml/2 spl sojakastet

30 ml/2 spl riisiveini või kuiva šerrit

2,5 ml/¬Ω c. suhkur

2,5 ml/¬Ω cc soola

Blanšeeri sellerit 1 minut keevas vees ja nõruta hästi. Kuumuta õli ning prae murulauk ja ingver kergelt kuldseks. Lisa liha ja pruunista 4 minutit. Lisa seller ja prae 2 minutit. Lisa sojakaste, vein või šerri, suhkur ja sool ning prae 3 minutit.

Viilutatud praetud liha selleriga

4 inimesele

30 ml/2 spl maapähkliõli

450 g/1 nael lahja veiseliha, lõigatud ribadeks

3 sellerivart, riivitud

1 riivitud sibul

1 šalottsibul (roheline sibul), viilutatud

1 viil ingverijuurt, tükeldatud

30 ml/2 spl sojakastet

15 ml/1 spl riisiveini või kuiva šerrit

2,5 ml/¬Ω c. suhkur

2,5 ml/¬Ω cc soola

10 ml/2 tl maisitärklist (maisijahu)

30 ml/2 supilusikatäit vett

Kuumuta pool õlist kuumaks ja prae liha 1 minut, kuni see on pruunistunud. Eemalda pannilt. Kuumuta ülejäänud õli ning prae seller, sibul, sibul ja ingver kergelt pehmeks. Pane liha uuesti pannile koos sojakastme, veini või šerriga, suhkru ja soolaga, kuumuta keemiseni ja pruunista kõrgel kuumusel. Sega maisitärklis ja vesi, vala pannile ja küpseta, kuni kaste pakseneb. Serveeri kohe.

Tükeldatud liha kana ja selleriga

4 inimesele
4 kuivatatud hiina seeni
45 ml/3 spl maapähkliõli
2 purustatud küüslauguküünt
1 ingverijuur, viilutatud, tükeldatud
5 ml/1 tl soola
100 g tailiha, lõigatud ribadeks
100 g ribadeks lõigatud kana
2 porgandit ribadeks lõigatud
2 sellerivart ribadeks lõigatud
4 sibulat (murulauk), ribadeks lõigatud
5 ml / 1 tl suhkrut

5 ml/1 tl sojakastet

5 ml/1 tl riisiveini või kuiva šerrit

45 ml/3 supilusikatäit vett

5 ml/1 tl maisitärklist (maisitärklis)

Leota seeni 30 minutit soojas vees ja seejärel kurna. Eemaldage varred ja tükeldage otsad. Kuumuta õli ning prae küüslauku, ingverit ja soola kergelt pruunikaks. Lisa liha ja kana ning prae, kuni need hakkavad pruunistuma. Lisa seller, murulauk, suhkur, sojakaste, vein või šerri ja vesi ning kuumuta keemiseni. Kata kaanega ja küpseta umbes 15 minutit, kuni liha on pehme. Sega maisitärklis vähese veega, lisa kastmele ja keeda segades, kuni kaste on paksenenud.

pipra liha

4 inimesele

450 g/1 nael Pealmine, ribadeks lõigatud

45 ml/3 spl sojakastet

15 ml/1 spl riisiveini või kuiva šerrit

15 ml/1 spl fariinsuhkrut

15 ml/1 spl hakitud ingverijuurt

30 ml/2 spl maapähkliõli

50 g kangideks lõigatud bambusevõrseid

1 sibul ribadeks lõigatud

1 selleri vars kangideks lõigatud

2 punast paprikat, seemnetest puhastatud ja ribadeks lõigatud

120 ml/4 fl untsi/½ tassi kanapuljongit

15 ml / 1 spl maisitärklist (maisijahu)

Aseta praad kaussi. Sega omavahel sojakaste, vein või šerri, suhkur ja ingver ning lisa praad. Lase 1 tund marineerida. Eemalda praad marinaadist. Kuumuta pool õlist ning prae bambusevõrseid, sibulat, sellerit ja pipart 3 minutit ning tõsta pannilt. Kuumuta ülejäänud oliiviõli ja pruunista praad 3 minutit. Lisa marinaad, kuumuta keemiseni ja lisa praetud köögiviljad. Keeda segades 2 minutit. Lisa puljong ja maisitärklis ning lisa pannile. Kuumuta keemiseni ja keeda segades, kuni kaste on kerge ja paks.

Veiseliha hiina kapsaga

4 inimesele

225g/8oz tailiha
30 ml/2 spl maapähkliõli
350 g hakitud hiina kapsast
120 ml/4 fl oz/¬Ω tassi veiselihapuljongit
soola ja värskelt jahvatatud pipart
10 ml/2 tl maisitärklist (maisijahu)
30 ml/2 supilusikatäit vett

Lõika liha õhukesteks viiludeks vastu tera. Kuumuta õli ja pruunista liha kuldpruuniks. Lisa bok choy ja prae kergelt pehmeks. Lisa puljong, lase keema tõusta ning maitsesta soola ja pipraga. Kata kaanega ja küpseta 4 minutit, kuni liha on pehme. Sega omavahel maisitärklis ja vesi, vala pannile ja küpseta segades, kuni kaste pakseneb.

Veise karbonaad

4 inimesele

3 sellerivart, viilutatud

Sojaoad 100 g / 4 untsi

100 g/4 untsi brokkoli õisikud

60 ml/4 spl maapähkliõli

3 murulauku (murulauk), hakitud

2 purustatud küüslauguküünt

1 viil ingverijuurt, tükeldatud

225 g tailiha ribadeks lõigatud

45 ml/3 spl sojakastet

15 ml/1 spl riisiveini või kuiva šerrit

5 ml/1 tl soola

2,5 ml/¬Ω c. suhkur

värskelt jahvatatud pipar
15 ml / 1 spl maisitärklist (maisijahu)

Blanšeeri seller, oad ja spargelkapsas 2 minutit keevas vees, nõruta ja kuivata. Kuumuta 45ml/3spl õli ja prae talisibul, küüslauk ja ingver kergelt kuldseks. Lisa liha ja pruunista 4 minutit. Eemalda pannilt. Kuumuta ülejäänud oliiviõli ja prae köögivilju 3 minutit. Lisa liha, sojakaste, vein või šerri, sool, suhkur ja näpuotsaga pipart ning prae 2 minutit. Lahustage maisitärklis väheses vees, valage see pannile ja keetke segades, kuni kaste on selge ja paksenenud.

kurgi liha

4 inimesele

450 g õhukeseks viilutatud kintsuliha
45 ml/3 spl sojakastet
30 ml / 2 spl maisitärklist (maisijahu)
60 ml/4 spl maapähkliõli
2 kurki, kooritud, seemnetest puhastatud ja viilutatud

60 ml/4 spl kanapuljongit
30 ml/2 spl riisiveini või kuiva šerrit
soola ja värskelt jahvatatud pipart

Aseta praad kaussi. Segage sojakaste ja maisitärklis ning segage steikiga. Lase 30 minutit marineerida. Kuumuta pool oliiviõlist ja prae kurke 3 minutit, kuni need muutuvad läbipaistmatuks, seejärel eemaldage pannilt. Kuumuta ülejäänud oliiviõli ja prae praad pruuniks. Lisa kurgid ja prae 2 minutit. Lisa puljong, vein või šerri ning maitsesta soola ja pipraga. Kuumuta keemiseni, kata ja keeda 3 minutit.

Veiseliha Chow Mein

4 inimesele

750 g / 1 ¬Ω nael kintsu
2 sibulat
45 ml/3 spl sojakastet
45 ml/3 spl riisiveini või kuiva šerrit
15 ml/1 spl maapähklivõid

5 ml/1 tl sidrunimahla

350g/12oz munanuudlid

60 ml/4 spl maapähkliõli

6 fl untsi/¬œ tassi/175 ml kanapuljongit

15 ml / 1 spl maisitärklist (maisijahu)

30 ml / 2 spl austrikastet

4 šalottsibulat (murulauk), hakitud

3 sellerivart, viilutatud

100 g seeni, viilutatud

1 roheline paprika ribadeks lõigatud

Sojaoad 100 g / 4 untsi

Eemaldage ja visake lihast rasv ära. Lõika vastu tera õhukesteks viiludeks. Lõika sibul viiludeks ja eralda kihid. Sega 15 ml/1 spl sojakastet 15 ml/1 spl veini või šerriga, maapähklivõi ja sidrunimahlaga. Lisage liha, katke ja laske 1 tund puhata. Keeda pasta keevas vees umbes 5 minutit või kuni see on pehme. See kuivab hästi. Kuumuta 15 ml/1 spl õli, lisa 15 ml/1 spl sojakastet ja nuudlid ning prae 2 minutit, kuni see on kergelt pruunistunud. Tõsta soojale taldrikule.

Sega ülejäänud sojakaste ja vein või šerri puljongi, maisitärklise ja austrikastmega. Kuumuta 15 ml/1 spl õli ja prae sibulat 1 minut. Lisa seller, seened, paprika ja oad ning prae 2 minutit. Eemalda wokist. Kuumuta ülejäänud õli ja pruunista liha pruuniks. Lisa puljongisegu, lase keema tõusta, kata ja keeda 3 minutit. Pange köögiviljad tagasi vokkpannile ja küpsetage segades umbes 4 minutit, kuni need on kuumad. Vala segu tagliatellele ja serveeri.

kurgi praad

4 inimesele

450 g / 1 nael kintsu

10 ml/2 tl maisitärklist (maisijahu)

10 ml / 2 tl soola

2,5 ml/¬Ω c. värskelt jahvatatud pipar

90 ml/6 spl maapähkliõli

1 sibul hakitud

1 kurk, kooritud ja viilutatud

120 ml/4 fl oz/¬Ω tassi veiselihapuljongit

Lõika praad ribadeks ja seejärel õhukesteks viiludeks vastu tera. Asetage see kaussi ja lisage maisitärklis, sool, pipar ja pool oliiviõli. Lase 30 minutit marineerida. Kuumuta ülejäänud oliiviõli ning prae liha ja sibul kergelt pruuniks. Lisa kurgid ja puljong, kuumuta keemiseni, kata kaanega ja hauta 5 minutit.

rostbiifi karri

4 inimesele

45 ml/3 spl võid

15 ml/1 spl karripulbrit

45 ml / 3 spl nisujahu (universaalne)

13 fl untsi/375 ml 1 Ω tassi piima

15 ml/1 spl sojakastet

soola ja värskelt jahvatatud pipart

450 g/1 nael keedetud veiseliha, jahvatatud

100 g herneid

2 porgandit tükeldatud

2 hakitud sibulat

225 g keedetud pikateralist riisi, kuum

1 kõvaks keedetud muna, viilutatud

Sulata või, lisa karri ja jahu ning küpseta 1 minut. Sega piim ja sojakaste, lase keema tõusta ja keeda segades 2 minutit. Maitsesta soola ja pipraga. Lisa liha, herned, porgandid ja sibul ning sega kastmega korralikult läbi. Lisa riis, tõsta segu ahjuvormi ja küpseta eelkuumutatud ahjus temperatuuril 200 ¬∞C/termostaat 6 20 minutit, kuni köögiviljad on pehmed. Serveeri kõvaks keedetud muna viiludega kaunistatult.

marineeritud abalone

4 inimesele

450 g / 1 naela konserveeritud abalone

45 ml/3 spl sojakastet

30 ml/2 spl veiniäädikat

5 ml / 1 tl suhkrut

paar tilka seesamiõli

Nõruta abalone ja lõika õhukesteks viiludeks või ribadeks. Kombineeri ülejäänud ained, vala abalone peale ja sega korralikult läbi. Kata kaanega ja pane 1 tunniks külmkappi.

Hautatud bambusevõrsed

4 inimesele

60 ml/4 spl maapähkliõli
225 g ribadeks lõigatud bambusevõrseid
60 ml/4 spl kanapuljongit
15 ml/1 spl sojakastet
5 ml / 1 tl suhkrut
5 ml/1 tl riisiveini või kuiva šerrit

Kuumuta õli ja prae bambusevõrseid 3 minutit. Sega puljong, sojakaste, suhkur ja vein või šerri ning lisa pannile. Katke ja küpseta 20 minutit. Enne serveerimist lase jahtuda ja jahtuda.

kana kurgiga

4 inimesele

1 kurk, kooritud ja seemnetest puhastatud
225 g tükkideks lõigatud keedetud kana
5 ml/1 tl sinepipulbrit
2,5 ml/¬Ω cc soola
30 ml/2 spl veiniäädikat

Lõika kurk ribadeks ja laota tasasele taldrikule. Aseta peale kana. Sega sinep, sool ja veiniäädikas ning maitsesta kana enne serveerimist.

Seesami kana

4 inimesele

Keedetud kana 350g/12oz

120 ml/4 fl untsi/¬Ω tassi vett

5 ml/1 tl sinepipulbrit

15 ml / 1 spl seesamiseemneid

2,5 ml/¬Ω cc soola

Näputäis suhkrut

45 ml/3 spl hakitud värsket koriandrit

5 hakitud murulauku (murulauk)

¬Ω hakitud salatipea

Lõika kana õhukesteks ribadeks. Sega sinepiga nii palju vett, et tekiks ühtlane pasta ja lisa kanale. Rösti seesamiseemned kuival pannil kuldpruuniks, lisa kanale ning puista peale soola ja suhkrut. Lisa pool peterselli ja murulauku ning sega korralikult läbi. Laota salat taldrikule, kata see kanaseguga ja kaunista ülejäänud peterselliga.

litši ingveriga

4 inimesele

1 suur arbuus, pooleks lõigatud ja seemnetest puhastatud
450g litšikonservi, nõrutatud
2 tolli / 5 cm ingveri vars, viilutatud
mõned piparmündilehed

Kata melonipoolikud litši ja ingveriga ning kaunista piparmündilehtedega. Lase enne serveerimist jahtuda.

Röstitud punased kanatiivad

4 inimesele

8 kanatiiva

2 murulauku (murulauk), hakitud

75 ml/5 spl sojakastet

120 ml/4 fl untsi/¬Ω tassi vett

30 ml/2 spl fariinsuhkrut

Lõika ja eemalda kanatiibadelt luuotsad ning lõika need pooleks. Pange see koos ülejäänud koostisosadega pannile, laske keema tõusta, katke kaanega ja küpseta 30 minutit. Eemaldage kaas ja küpseta veel 15 minutit, sageli pintseldades. Lase jahtuda ja hoia enne serveerimist külmkapis.

Krabiliha kurgiga

4 inimesele

100 g purustatud krabiliha
2 kurki, kooritud ja riivitud
1 viil ingverijuurt, tükeldatud
15 ml/1 spl sojakastet
30 ml/2 spl veiniäädikat
5 ml / 1 tl suhkrut
paar tilka seesamiõli

Aseta krabiliha ja kurgid kaussi. Kombineeri ülejäänud ained, vala krabilihasegule ja sega korralikult läbi. Kata ja jahuta 30 minutit enne serveerimist.

marineeritud seened

4 inimesele

225g/8oz nööbiseened
30 ml/2 spl sojakastet
15 ml/1 spl riisiveini või kuiva šerrit
näputäis soola
paar tilka Tabasco kastet
paar tilka seesamiõli

Blanšeeri seeni 2 minutit keevas vees, nõruta ja kuivata. Pange see kaussi ja valage ülejäänud koostisosad. Sega korralikult läbi ja hoia enne serveerimist külmkapis.

marineeritud seened

4 inimesele

225g/8oz nööbiseened

3 purustatud küüslauguküünt

30 ml/2 spl sojakastet

30 ml/2 spl riisiveini või kuiva šerrit

15 ml/1 spl seesamiõli

näputäis soola

Asetage seened ja küüslauk kurn, valage need peale keeva veega ja laske 3 minutit seista. Nõruta ja kuivata hästi. Sega ülejäänud ained, vala marinaad seentele ja jäta 1 tunniks marineeruma.

krevetid ja lillkapsas

4 inimesele

225 g lillkapsa õisikuid
100 g kooritud krevette
15 ml/1 spl sojakastet
5 ml/1 tl seesamiõli

Keeda lillkapsast umbes 5 minutit, kuni see on pehme, kuid siiski krõmpsuv. Sega krevettidega, puista peale sojakaste ja seesamiõli ning sega läbi. Lase enne serveerimist jahtuda.

seesami singipulgad

4 inimesele

225 g ribadeks lõigatud sinki

10 ml/2 tl sojakastet

2,5 ml/¬Ω c. seesamiõli

Laota sink taldrikule. Sega omavahel sojakaste ja seesamiõli, puista peale sink ja serveeri.

külm tofu

4 inimesele

450 g/1 nael tofu, viilutatud

45 ml/3 spl sojakastet

45 ml/3 spl maapähkliõli

värskelt jahvatatud pipar

Pane tofu, paar viilu korraga, kurn, kasta 40 sekundiks keevasse vette, seejärel nõruta ja tõsta serveerimistaldrikule. Lase jahtuda. Sega sojakaste ja oliiviõli, puista peale tofu ja serveeri pipraga ülepuistatud.

Kana peekoniga

4 inimesele

225 g väga õhukesteks viiludeks lõigatud kana

75 ml/5 spl sojakastet

15 ml/1 spl riisiveini või kuiva šerrit

1 purustatud küüslauguküüs

15 ml/1 spl fariinsuhkrut

5 ml/1 tl soola

5 ml/1 tl hakitud ingverijuurt

225 g lahja peekonit kuubikuteks lõigatud

100 g vesikastanit väga peeneks lõigatud

30 ml/2 supilusikatäit mett

Aseta kana kaussi. Sega 45ml/3 spl sojakastet veini või šerri, küüslaugu, suhkru, soola ja ingveriga, vala kanale ja lase ca 3 tundi marineerida. Tõsta kana, peekon ja kastanid kebabivarrastele. Sega ülejäänud sojakaste meega ja pintselda vardasid. Rösti (grill) kuumal grillil umbes 10 minutit, kuni see on läbi küpsenud, keerake sageli ja pintseldage küpsemise ajal täiendava maitseainega.

Praetud kana ja banaanid

4 inimesele

2 keedetud kanarinda

2 kõva banaani

6 viilu leiba

4 muna

120 ml/4 fl untsi/¬Ω tassi piima

50 g/2 untsi/¬Ω tassi tavalist jahu (universaalne)

225 g/8 untsi/4 tassi värsket riivsaia

prae õli

Lõika kana 24 tükiks. Koori banaanid ja lõika pikuti neljaks. Lõika iga veerand kolmandikuks, et saada 24 tükki. Eemalda saialt koorik ja lõika see neljandikku. Klopi lahti munad ja piim ning pintselda saia ühte külge. Aseta iga leivatüki munaga kaetud poolele tükk kana ja banaanitükk. Jahutage ruudud kergelt jahuga, seejärel kastke munasse ja seejärel riivsaiasse. Kasta uuesti muna ja riivsaiaga. Kuumuta õli ja prae paar ruutu korraga kuldpruuniks. Enne serveerimist kurna imaval paberil.

Kana ingveri ja seentega

4 inimesele

225 g kana rinnafileed

5 ml/1 tl viie vürtsi pulbrit

15 ml / 1 spl nisujahu (universaalne)

120 ml/4 fl untsi/¬Ω tassi maapähkliõli

4 pooleks lõigatud šalottsibulat

1 küüslauguküüs, viilutatud

1 viil ingverijuurt, tükeldatud

25 g/1 unts/¬th tassi india pähkleid

5 ml/1 tl mett

15 ml/1 spl riisijahu

75 ml/5 spl riisiveini või kuiva šerrit

100 g seeni, lõigatud neljaks

2,5 ml/¬Ω c. kurkum

6 pooleks lõigatud kollast paprikat

5 ml/1 tl sojakastet

¬Ω Sidrunimahl

sool ja pipar

4 krõbedat salatilehte

Lõika kanarind diagonaalselt õhukesteks ribadeks. Puista üle viie vürtsi pulbriga ja puista kergelt jahuga. Kuumuta 15 ml/1 spl õli ja prae kana kuldpruuniks. Eemalda pannilt. Kuumuta tilk oliiviõli ja prae šalottsibulat, küüslauku, ingverit ja india pähkleid 1 minut. Lisa mesi ja sega, kuni köögiviljad on kaetud. Puista peale jahu ja lisa veini või šerrit. Lisa seened, safran ja pipar ning küpseta 1 minut. Lisa kana, sojakaste, poole sidruni mahl, sool ja pipar ning kuumuta läbi. Eemalda pannilt ja hoia soojas. Kuumuta veel veidi oliiviõli, lisa salatilehed ja sega kiiresti läbi, maitsesta soola, pipra ja ülejäänud laimimahlaga. Laota salatilehed soojale taldrikule, lao peale liha ja köögiviljad ning serveeri.

kana ja sink

4 inimesele

225 g väga õhukesteks viiludeks lõigatud kana

75 ml/5 spl sojakastet

15 ml/1 spl riisiveini või kuiva šerrit

15 ml/1 spl fariinsuhkrut

5 ml/1 tl hakitud ingverijuurt

1 purustatud küüslauguküüs

225 g kuubikuteks lõigatud keedetud sinki

30 ml/2 supilusikatäit mett

Asetage kana kaussi, kuhu on lisatud 45 ml/3 supilusikatäit sojakastet, veini või šerrit, suhkrut, ingverit ja küüslauku. Lase 3 tundi marineerida. Tõsta kana ja sink kebabivarrastele. Sega ülejäänud sojakaste meega ja pintselda vardasid. Küpseta kuumal grillil umbes 10 minutit, neid sageli keerates ja küpsemise ajal glasuuriga pintseldades.

Grillitud kanamaksad

4 inimesele

450 g / 1 nael kanamaks

45 ml/3 spl sojakastet

15 ml/1 spl riisiveini või kuiva šerrit

15 ml/1 spl fariinsuhkrut

5 ml/1 tl soola

5 ml/1 tl hakitud ingverijuurt

1 purustatud küüslauguküüs

Keeda kanamaksasid keevas vees 2 minutit ja nõruta hästi. Pane see kaussi koos kõigi teiste koostisosadega peale oliiviõli ja jäta umbes 3 tunniks marineerima. Tõsta kanamaksad kebabivarrastele ja grilli kuumal grillil umbes 8 minutit kuldpruuniks.

Krabikoogid vesikastanitega

4 inimesele

450 g/1 naela tükeldatud krabiliha
100 g hakitud vesikastanit
1 purustatud küüslauguküüs
1 cm/¬Ω viilutatud ingverijuur, hakitud
45 ml / 3 spl maisijahu (maisitärklis)
30 ml/2 spl sojakastet
15 ml/1 spl riisiveini või kuiva šerrit
5 ml/1 tl soola
5 ml / 1 tl suhkrut
3 lahtiklopitud muna
prae õli

Sega kõik ained peale õli ja vormi pallid. Kuumuta õli ja prae krabikoogid kuldpruuniks. Nõruta enne serveerimist hästi.

nõrk summa

4 inimesele

100 g kooritud ja tükeldatud krevette

225g/8oz lahja sealiha, peeneks hakitud

50 g hiina kapsast peeneks hakitud

3 murulauku (murulauk), hakitud

1 lahtiklopitud muna

30 ml / 2 spl maisitärklist (maisijahu)

10 ml/2 tl sojakastet

5 ml/1 tl seesamiõli

5 ml/1 tl austrikastet

24 wontoni nahka

prae õli

Kombineeri krevetid, sealiha, kapsas ja talisibul. Sega muna, maisitärklis, sojakaste, seesamiõli ja austrikaste. Asetage segutükid iga wontoni kesta keskele. Suru ümbrised õrnalt ümber täidise, tuues ääred kokku, kuid jättes pealt lahti. Kuumuta õli ja prae dim sum vähehaaval kuldpruuniks. Nõruta need hästi ja serveeri kuumalt.

Kana-singirullid

4 inimesele

2 kanarinda

1 purustatud küüslauguküüs

2,5 ml/¬Ω cc soola

2,5 ml/¬Ω c. viie vürtsi pulber

4 viilu keedetud sinki

1 lahtiklopitud muna

30 ml/2 spl piima

1 unts/¬tass/25 g jahu (universaalne)

4 kevadrullikarpi

prae õli

Lõika kana rinnad pooleks. Haki neid, kuni need on väga peeneks. Kombineeri küüslauk, sool ja viie vürtsi pulber ning puista kana peale. Aseta igale kanatükile singiviil ja keera tihedalt kokku. Sega muna ja piim. Puista kanatükid kergelt jahuga ja kasta munasegusse. Aseta iga tükk koorele ja pintselda servad lahtiklopitud munaga. Voldi küljed sisse ja rulli, pigista servi tihendamiseks. Kuumuta õli ja prae rulle umbes 5 minutit kuldpruuniks pruunistatud ja hästi küpsetatud. Nõruta paberrätikutel ja lõika serveerimiseks paksudeks diagonaalseteks viiludeks.

Küpsetatud singipirukad

4 inimesele

350 g / 12 untsi / 3 tassi tavalist jahu (universaalne).

6 untsi / ¬œ tass / 175 g võid

120 ml/4 fl untsi/¬Ω tassi vett

8 untsi/225 g hakitud sinki

100 g/4 untsi hakitud bambusevõrseid

2 murulauku (murulauk), hakitud

15 ml/1 spl sojakastet

30 ml/2 spl seesamiseemneid

Valage jahu kaussi ja hõõruge see võiga. Segage vesi pastaks. Rulli tainas lahti ja lõika 5cm/2cm ringideks. Sega kõik ülejäänud koostisosad peale seesamiseemnete ja aseta igale ringile lusikatäis. Pintselda taigna servad veega ja sule korralikult. Pintselda väljastpoolt veega ja puista üle seesamiseemnetega. Küpseta eelkuumutatud ahjus 180°C/termostaat 4 30 minutit.

Pseudosuitsu kala

4 inimesele

1 meriahven

3 viilu ingverijuurt, viilutatud

1 purustatud küüslauguküüs

1 šalottsibul (roheline sibul) lõigatud paksudeks viiludeks

75 ml/5 spl sojakastet

30 ml/2 spl riisiveini või kuiva šerrit

2,5 ml/¬Ω c. jahvatatud aniis

2,5 ml/¬Ω c. seesamiõli

10 ml/2 tl suhkrut

120 ml/4 fl untsi/¬Ω tassi puljong

prae õli

5 ml/1 tl maisitärklist (maisitärklis)

Puhasta kala ja lõika tera vastu 5 mm viiludeks. Lisa ingver, küüslauk, talisibul, 60 ml/4 spl sojakastet, šerri, aniisi ja seesamiõli. Vala kalale ja sega õrnalt läbi. Lase seista 2 tundi, aeg-ajalt segades.

Nõruta marinaad pannile ja kuivata kala imaval paberil. Lisa suhkur, puljong ja ülejäänud sojakaste marinaad, lase keema tõusta ja keeda 1 minut. Kui on vaja kastet paksendada, sega maisitärklis vähese külma veega, lisa kastmele ja keeda segades, kuni kaste pakseneb.

Vahepeal kuumuta õli ja prae kala kuldpruuniks. See kuivab hästi. Kasta kalatükid marinaadi ja laota soojale taldrikule. Serveeri kuumalt või külmalt.

keedetud seened

4 inimesele

12 suurt kuivatatud seenekapslit

225 g/8 untsi krabiliha

3 vesikastanit hakitud

2 sibulat (murulauk), peeneks hakitud

1 munavalge

15 ml / 1 spl maisitärklist (maisijahu)

15 ml/1 spl sojakastet

15 ml/1 spl riisiveini või kuiva šerrit

Leota seeni üleöö soojas vees. Kuivatamiseks vajutage. Kombineeri ülejäänud ained ja kasuta neid seenemütside täitmiseks. Tõsta aururestile ja küpseta 40 minutit. Serveeri kuumalt.

Seened austrikastmega

4 inimesele

10 kuivatatud Hiina seeni
250 ml / 8 untsi / 1 tass veiselihapuljongit
15 ml / 1 spl maisitärklist (maisijahu)
30 ml / 2 spl austrikastet
5 ml/1 tl riisiveini või kuiva šerrit

Leota seeni soojas vees 30 minutit ja seejärel kurna, jättes alles 1 kl/250 ml leotusvedelikku. Visake varred ära. Segage pasta saamiseks 60 ml/4 spl veiselihapuljongit maisitärklisega. Kuumuta ülejäänud veisepuljong koos seente ja seenemahlaga keemiseni, kata kaanega ja hauta 20 minutit. Eemaldage seened lusikaga vedelikust ja asetage need pliidiplaadile. Lisa pannile austrikaste ja šerri ning küpseta segades 2 minutit. Lisa maisitärklisepasta ja küpseta segades, kuni kaste pakseneb. Vala seentele ja serveeri kohe.

Sealiha ja salatirullid

4 inimesele

4 kuivatatud hiina seeni
15 ml/1 spl maapähkliõli
8 untsi/225 g lahja sealiha, tükeldatud
100 g/4 untsi hakitud bambusevõrseid
100 g hakitud vesikastanit
4 šalottsibulat (murulauk), hakitud
175 g purustatud krabiliha
30 ml/2 spl riisiveini või kuiva šerrit
15 ml/1 spl sojakastet
10 ml/2 tl austrikastet
10 ml/2 tl seesamiõli
9 hiina lehte

Leota seeni 30 minutit soojas vees ja seejärel kurna. Eemaldage varred ja tükeldage otsad. Kuumuta õli ja pruunista sealiha 5 minutit. Lisa seened, bambusevõrsed, vesikastanid, šalottsibul ja krabiliha ning prae 2 minutit. Segage vein või šerri, sojakaste, austrikaste ja seesamiõli ning segage pannil.

Eemaldage kuumusest. Vahepeal blanšeeri hiina lehti 1 minut keevas vees ja seejärel

äravool. Aseta lusikatäis sealihasegu iga ahjuvormi keskele, murra küljed sisse ja rulli serveerimiseks kokku.

Sealiha ja kastani lihapallid

4 inimesele

450 g/1 nael jahvatatud sealiha (jahvatatud)

2 untsi/50 g seeni, peeneks hakitud

50 g vesikastanit, peeneks hakitud

1 purustatud küüslauguküüs

1 lahtiklopitud muna

30 ml/2 spl sojakastet

15 ml/1 spl riisiveini või kuiva šerrit

5 ml/1 tl hakitud ingverijuurt

5 ml / 1 tl suhkrut

soola

30 ml / 2 spl maisitärklist (maisijahu)

prae õli

Sega kõik ained peale maisitärklise ja vormi segust pallikesed. Maisitärklise kate. Kuumuta oliivõli ja prae lihapallid umbes 10 minutit kuldpruuniks. Nõruta enne serveerimist hästi.

Sealiha pelmeenid

4,Äì6 jaoks

450 g/1 naela jahu (universaalne)

500 ml / 17 untsi / 2 tassi vett

450 g/1 naela keedetud sealiha, hakkliha

8 untsi/225 g kooritud krevette, tükeldatud

4 sellerivart tükeldatud

15 ml/1 spl sojakastet

15 ml/1 spl riisiveini või kuiva šerrit

15 ml/1 spl seesamiõli

5 ml/1 tl soola

2 sibulat (murulauk), peeneks hakitud

2 purustatud küüslauguküünt

1 viil ingverijuurt, tükeldatud

Sega jahu ja vesi, kuni saad pehme taigna ning sõtku hästi. Katke ja laske 10 minutit puhata. Rulli tainas võimalikult õhukeseks ja lõika sellest 5cm/2cm ringid. Segage kõik ülejäänud koostisosad. Vala segu igasse ringi, niisuta servad ja sulge poolringiks. Aja pannil vesi keema ja langeta lihapallid õrnalt vette.

Sea- ja vasikaliha lihapallid

4 inimesele

100 g/4 untsi sealiha (tükeldatud)

100 g/4 untsi jahvatatud vasikaliha (tükeldatud)

1 viil peekonit (hakitud)

15 ml/1 spl sojakastet

sool ja pipar

1 lahtiklopitud muna

30 ml / 2 spl maisitärklist (maisijahu)

prae õli

Lisa veisehakkliha ja peekon ning maitsesta soola ja pipraga. Sega munaga, vormi kreeka pähkli suurused pallikesed ja puista need üle maisitärklisega. Kuumuta õli ja prae kuldpruuniks. Nõruta enne serveerimist hästi.

liblikas krevetid

4 inimesele

450 g suuri krevette, kooritud

15 ml/1 spl sojakastet

5 ml/1 tl riisiveini või kuiva šerrit

5 ml/1 tl hakitud ingverijuurt

2,5 ml/¬Ω cc soola

2 lahtiklopitud muna

30 ml / 2 spl maisitärklist (maisijahu)

15 ml / 1 spl nisujahu (universaalne)

prae õli

Lõika krevetid piki seljaosa pooleks ja aja laiali, et moodustuks liblikas. Sega omavahel sojakaste, vein või šerri, ingver ja sool. Vala krevettidele ja lase 30 minutit marineerida. Eemaldage marinaadist ja kuivatage. Vahusta muna maisijahu ja jahuga, kuni saad pasta ja kasta krevetid pasta sisse. Kuumuta õli ja prae krevetid kuldpruuniks. Nõruta enne serveerimist hästi.

Hiina krevetid

4 inimesele

450 g kooritud krevette

30 ml/2 spl Worcestershire'i kastet

15 ml/1 spl sojakastet

15 ml/1 spl riisiveini või kuiva šerrit

15 ml/1 spl fariinsuhkrut

Asetage krevetid kaussi. Sega ülejäänud ained, vala krevettidele ja lase 30 minutit marineerida. Tõsta küpsetusplaadile ja küpseta eelkuumutatud ahjus 150°C/termostaat 2 25 minutit. Serveeri kuumalt või külmalt karpides, et sööjad saaksid ise karbid luua.

draakoni pilved

4 inimesele

100 g krevettide kreekerid

prae õli

Kuumuta õli väga kuumaks. Lisa korraga peotäis krevettide kreekereid ja prae paar sekundit, kuni need paisuvad. Eemaldage need õlist ja laske neil imaval paberil nõrguda, kuni jätkate küpsiste praadimist.

Krõbedad krevetid

4 inimesele

450 g kooritud krevette
15 ml/1 spl riisiveini või kuiva šerrit
10 ml/2 tl sojakastet
5 ml/1 tl viie vürtsi pulbrit
sool ja pipar
90 ml / 6 spl maisijahu (maisitärklis)
2 lahtiklopitud muna
100 g riivsaia
maapähkliõli praadimiseks

Maitsesta krevetid veini või šerri, sojakastme ja viievürtsi pulbriga ning maitsesta soola ja pipraga. Kasta need maisitärklisesse ja seejärel lahtiklopitud munasse ja riivsaiasse. Prae neid keevas õlis paar minutit, kuni need on kergelt kuldsed, kurna ja serveeri kohe.

Krevetid ingverikastmega

4 inimesele

15 ml/1 spl sojakastet
5 ml/1 tl riisiveini või kuiva šerrit
5 ml/1 tl seesamiõli
450 g kooritud krevette
30 ml/2 spl hakitud värsket peterselli
15 ml/1 spl veiniäädikat
5 ml/1 tl hakitud ingverijuurt

Kombineerige sojakaste, vein või šerri ja seesamiõli. Vala krevettidele, kata kaanega ja jäta 30 minutiks marineeruma. Grilli krevette mõni minut küpsemiseni, määrides neid marinaadiga. Samal ajal sega krevettidega serveerimiseks kokku petersell, veiniäädikas ja ingver.

Pasta ja krevetirullid

4 inimesele

2 untsi/50 g munanuudleid, tükkideks purustatud

15 ml/1 spl maapähkliõli

50g/2oz lahja sealiha, peeneks hakitud

100 g tükeldatud seeni

3 murulauku (murulauk), hakitud

100 g kooritud ja tükeldatud krevette

15 ml/1 spl riisiveini või kuiva šerrit

sool ja pipar

24 wontoni nahka

1 lahtiklopitud muna

prae õli

Keeda pasta keevas vees 5 minutit, nõruta ja tükelda. Kuumuta õli ja pruunista sealiha 4 minutit. Lisa seened ja sibul ning prae 2 minutit, seejärel tõsta tulelt. Lisa krevetid, vein või šerri ja pasta ning maitsesta soola ja pipraga. Aseta iga wontoni keskele lusikatäied segu ja pintselda servad lahtiklopitud munaga. Keerake servad kokku ja keerake pakendid kokku, sulgedes servad. Kuumuta õli ja prae rullid läbi paar korraga umbes 5 minutit kuldpruuniks. Enne serveerimist kurna imaval paberil.

Krevettide röstsai

4 inimesele

2 muna 1 nael/1 nael kooritud krevette, tükeldatud
15 ml / 1 spl maisitärklist (maisijahu)
1 sibul hakitud
30 ml/2 spl sojakastet
15 ml/1 spl riisiveini või kuiva šerrit
5 ml/1 tl soola
5 ml/1 tl hakitud ingverijuurt
8 saiaviilu kolmnurkadeks lõigatud
prae õli

Sega 1 muna kõigi teiste koostisosadega peale leiva ja õli. Vala segu leivakolmnurkadele ja suru need kuplikuks. Määri ülejäänud munaga. Kuumuta umbes 5 cm õli ja prae leivakolmnurgad kuldpruuniks. Nõruta enne serveerimist hästi.

Sealiha ja krevettide wontonid magushapu kastmega

4 inimesele

120 ml/4 fl untsi/¬Ω tassi vett

60 ml/4 spl veiniäädikat

60 ml / 4 spl fariinsuhkrut

30 ml / 2 spl tomatipüreed (pasta)

10 ml/2 tl maisitärklist (maisijahu)

25 g/1 unts tükeldatud seeni

25 g/1 unts kooritud krevette, tükeldatud

2 untsi/50 g lahja sealiha, tükeldatud

2 murulauku (murulauk), hakitud

5 ml/1 tl sojakastet

2,5 ml/¬Ω c. riivitud ingverijuur

1 purustatud küüslauguküüs

24 wontoni nahka

prae õli

Sega väikeses kastrulis vesi, veiniäädikas, suhkur, tomatipüree ja maisitärklis. Kuumuta pidevalt segades keemiseni ja keeda 1 minut. Eemaldage kuumusest ja hoidke soojas.

Kombineeri seened, krevetid, sealiha, talisibul, sojakaste, ingver ja küüslauk. Tõsta igasse kesta supilusikatäis täidist, pintselda servad veega ja suru kinni. Kuumuta õli ja prae wontoneid vähehaaval kuldpruuniks. Nõruta need imaval paberil ja serveeri kuumalt magushapu kastmega.

Kanapuljong

Teeb 2 liitrit/3½ kvarti/8½ tassi

1,5 kg keedetud või tooreid kanakonte

450 g / 1 nael sealiha kondid

1 cm/½ ingverijuure tükile

3 talisibulat (scallions), viilutatud

1 purustatud küüslauguküüs

5 ml/1 tl soola

2,25 liitrit / 4 liitrit / 10 tassi vett

Kuumuta kõik koostisosad keemiseni, kata kaanega ja keeda 15 minutit. Eemaldage kogu rasv. Katke ja küpseta 1 1/2 tundi. Filtreerige, laske jahtuda ja nõrutage. Külmutage väikestes kogustes või hoidke külmkapis ja tarbige 2 päeva jooksul.

Sojaoa idud ja sealihasupp

4 inimesele

450 g/1 naela kuubikuteks lõigatud sealiha

2½ tk/6 tassi/1,5 l kanapuljongit

5 viilu ingverijuurt

350 g sojaidusid

15 ml / 1 spl soola

Blanšeeri sealiha 10 minutit keevas vees, seejärel nõruta. Aja puljong keema ning lisa sealiha ja ingver. Katke ja küpseta 50 minutit. Lisa oad, sool ja küpseta 20 minutit.

Abalone ja seenesupp

4 inimesele

60 ml/4 spl maapähkliõli
100 g lahja sealiha ribadeks lõigatud
225g abalone konservi, ribadeks lõigatud
100 g seeni, viilutatud
2 sellerivart, viilutatud
50 g ribadeks lõigatud sinki
2 sibulat viilutatud
2½ punkti / 6 tassi / 1,5 l vett
30 ml/2 spl veiniäädikat
45 ml/3 spl sojakastet
2 viilu hakitud ingverijuurt
soola ja värskelt jahvatatud pipart
15 ml / 1 spl maisitärklist (maisijahu)
45 ml/3 supilusikatäit vett

Kuumuta oliiviõli ja prae sealiha, abalone, seeni, sellerit, sinki ja sibulat 8 minutit. Lisa vesi ja veiniäädikas, kuumuta keemiseni, kata kaanega ja keeda 20 minutit. Lisa sojakaste, ingver, sool ja pipar. Segage maisitärklist, kuni see moodustab pastaga

vesi, lisa supile ja keeda segades 5 minutit, kuni supp muutub selgeks ja pakseneb.

Kana ja sparglisupp

4 inimesele

100 g kanahakkliha

2 munavalget

2,5 ml / ½ tl soola

30 ml / 2 spl maisitärklist (maisijahu)

225g sparglit, lõigatud 5cm tükkideks

Sojaoad 100 g / 4 untsi

2½ tk/6 tassi/1,5 l kanapuljongit

100 g/4 untsi nööbiseened

Sega kana munavalgete, soola ja maisitärklisega ning lase 30 minutit seista. Keeda kana keevas vees umbes 10 minutit, kuni see on keedetud ja nõruta hästi. Blanšeeri sparglit 2 minutit keevas vees, seejärel nõruta. Blanšeeri oadud 3 minutit keevas vees, seejärel nõruta. Vala puljong suurele pannile ning lisa kana, spargel, seened ja oad. Kuumuta keemiseni ja maitsesta soolaga. Küpseta paar minutit, et maitsed areneksid ja kuni köögiviljad on pehmed, kuid siiski krõmpsud.

lihasupp

4 inimesele

225 g/8 untsi veisehakkliha (jahvatatud)
15 ml/1 spl sojakastet
15 ml/1 spl riisiveini või kuiva šerrit
15 ml / 1 spl maisitärklist (maisijahu)
2 liitrit / 5 tassi / 1,2 l kanapuljongit
5 ml/1 tl tšillikastet
sool ja pipar
2 lahtiklopitud muna
6 murulauku (murulauk), hakitud

Sega liha sojakastme, veini või šerri ja maisitärklisega. Lisa see puljongile ja lase segades aeglaselt keema. Lisa punaste ubade kaste ja maitsesta soola ja pipraga, kata kaanega ja küpseta aeg-ajalt segades umbes 10 minutit. Sega munad ja serveeri murulauguga üle puistatuna.

Hiina veiseliha ja lehesupp

4 inimesele

200 g tailiha, lõigatud ribadeks

15 ml/1 spl sojakastet

15 ml/1 spl maapähkliõli

2½ punkti / 1,5 l / 6 tassi veiselihapuljongit

5 ml/1 tl soola

2,5 ml / ½ tl suhkrut

½ pea Hiina lehed tükkideks lõigatud

Sega liha sojakastme ja oliiviõliga ning lase aeg-ajalt segades 30 minutit marineerida. Kuumuta puljong koos soola ja suhkruga keemiseni, lisa chinoiserie lehed ja keeda umbes 10 minutit peaaegu küpseks. Lisa liha ja küpseta veel 5 minutit.

Kapsasupp

4 inimesele

60 ml/4 spl maapähkliõli
2 hakitud sibulat
100 g lahja sealiha ribadeks lõigatud
225 g hakitud hiina kapsast
10 ml/2 tl suhkrut
2 liitrit / 5 tassi / 1,2 l kanapuljongit
45 ml/3 spl sojakastet
sool ja pipar
15 ml / 1 spl maisitärklist (maisijahu)

Kuumuta õli ning prae sibulat ja sealiha kergelt pruunikaks. Lisa kapsas ja suhkur ning prae 5 minutit. Lisa puljong ja sojakaste ning maitsesta soola ja pipraga. Kuumuta keemiseni, kata ja keeda tasasel tulel 20 minutit. Sega maisitärklis vähese veega, lisa supile ja keeda segades, kuni supp pakseneb ja muutub heledamaks.

vürtsikas veiselihasupp

4 inimesele

45 ml/3 spl maapähkliõli

1 purustatud küüslauguküüs

5 ml/1 tl soola

225 g/8 untsi veisehakkliha (jahvatatud)

6 sibulat (murulauk), ribadeks lõigatud

1 punane paprika ribadeks lõigatud

1 roheline paprika ribadeks lõigatud

225 g / 8 untsi hakitud lehtkapsast

1 ¾ tassi/1 liiter/4 ¼ tassi veiselihapuljongit

30 ml/2 spl ploomikastet

30 ml/2 spl hoisin kastet

45 ml/3 spl sojakastet

2 tükki hakitud ingverivart

2 muna

5 ml/1 tl seesamiõli

225g/8oz läbipaistvad nuudlid, leotatud

Kuumuta õli ning prae küüslauk ja sool kuldpruuniks. Lisa liha ja pruunista kiiresti. Lisa köögiviljad ja prae läbipaistvaks. Lisa puljong, ploomikaste, hoisin kaste, 2/30 ml

lusikatäis sojakastet ja ingverit, lase keema tõusta ja keeda 10 minutit. Klopi munad seesamiõli ja ülejäänud sojakastmega lahti. Lisa see koos nuudlitega supile ja keeda segades, kuni munad on pehmed ja nuudlid pehmed.

taevalik supp

4 inimesele

2 murulauku (murulauk), hakitud
1 purustatud küüslauguküüs
30 ml/2 spl hakitud värsket peterselli
5 ml/1 tl soola
15 ml/1 spl maapähkliõli
30 ml/2 spl sojakastet
2½ punkti / 6 tassi / 1,5 l vett

Lisa murulauk, küüslauk, petersell, sool, oliiviõli ja sojakaste. Keeda vesi, vala peale murulaugusegu ja jäta 3 minutiks seisma.

Kana ja bambusevõrsesupp

4 inimesele

2 kana reied
30 ml/2 spl maapähkliõli
5 ml/1 tl riisiveini või kuiva šerrit
2½ tk/6 tassi/1,5 l kanapuljongit
3 sibulat viilutatud
100 g tükkideks lõigatud bambusevõrseid
5 ml/1 tl hakitud ingverijuurt
soola

Eemalda kana luudest ja lõika liha tükkideks. Kuumuta õli ja prae kana igast küljest kuldpruuniks. Lisa puljong, šalottsibul, bambusevõrsed ja ingver, kuumuta keemiseni ja keeda umbes 20 minutit, kuni kana on pehme. Enne serveerimist maitsesta soolaga.

Kana-maisisupp

4 inimesele

1 ¾ tassi/1 liiter/4 ¼ tassi kanapuljongit
100 g kanahakkliha
200 g/7 untsi kreemjat suhkrumaisi
viil hakitud sinki
lahtiklopitud munad
15 ml/1 spl riisiveini või kuiva šerrit

Lase puljong ja kana keema, kata kaanega ja hauta 15 minutit. Lisa mais ja sink, kata ja küpseta 5 minutit. Lisa munad ja šerri, söögipulgaga aeglaselt segades, nii et munad moodustavad nöörid. Eemaldage tulelt, katke ja laske enne serveerimist 3 minutit puhata.

Kana ja ingveri supp

4 inimesele

4 kuivatatud hiina seeni
2 1/2 punkti / 6 tassi / 1,5 l vett või kanapuljongit
225 g/8 untsi kuubikuteks lõigatud kanaliha
10 viilu ingverijuurt
5 ml/1 tl riisiveini või kuiva šerrit
soola

Leota seeni 30 minutit soojas vees ja seejärel kurna. Visake varred ära. Aja vesi või puljong koos teiste koostisosadega keema ja keeda tasasel tulel umbes 20 minutit, kuni kana on küps.

Kanasupp hiina seentega

4 inimesele

25 g/1 unts kuivatatud hiina seeni
100 g kanahakkliha
2 untsi/50 g hakitud bambusevõrseid
30 ml/2 spl sojakastet
30 ml/2 spl riisiveini või kuiva šerrit
2 liitrit / 5 tassi / 1,2 l kanapuljongit

Leota seeni 30 minutit soojas vees ja seejärel kurna. Eemaldage varred ja lõigake otsad. Blanšeeri seeni, kana ja bambusevõrseid 30 sekundit keevas vees, seejärel nõruta. Asetage need kaussi ja lisage sojakaste ja vein või šerri. Lase 1 tund marineerida. Aja puljong keema, lisa kanasegu ja marinaad. Sega korralikult läbi ja küpseta paar minutit, kuni kana on küps.

Kana-riisisupp

4 inimesele

1 ¾ tassi/1 liiter/4 ¼ tassi kanapuljongit
225 g / 8 untsi / 1 tass keedetud pikateralist riisi
100 g keedetud kana, lõigatud ribadeks
1 sibul neljandikku lõigatud
5 ml/1 tl sojakastet

Kuumuta kõik koostisosad õrnalt kuumaks, ilma suppi keema ajamata.

Kana ja kookosesupp

4 inimesele

350 g kanarind

soola

10 ml/2 tl maisitärklist (maisijahu)

30 ml/2 spl maapähkliõli

1 roheline paprika hakitud

1¾ tk / 4¼ tassi kookospiima

5 ml/1 tl sidrunikoort

12 litši

näputäis riivitud muskaatpähklit

soola ja värskelt jahvatatud pipart

2 sidrunheina lehte

Lõika kanarind diagonaalselt ribadeks. Puista peale soola ja määri maisitärklisega. Kuumutage vokkpannil 2 tl/10 ml õli, segage ja valage. Korrake veel üks kord. Kuumuta ülejäänud oliiviõli ning prae kana ja paprikat 1 minut. Lisa kookospiim ja kuumuta keemiseni. Lisa sidrunikoor ja küpseta 5 minutit. Lisa litšid, maitsesta muskaatpähkli, soola ja pipraga ning serveeri sidrunheinaga.

mereandide supp

4 inimesele

2 kuivatatud hiina seeni
12 merekarpi leotatud ja puhastatud
2½ tk/6 tassi/1,5 l kanapuljongit
2 untsi/50 g hakitud bambusevõrseid
2 untsi/50 g herneid, pooleks lõigatud
2 talisibulat (scallions), viilutatud
15 ml/1 spl riisiveini või kuiva šerrit
näputäis värskelt jahvatatud pipart

Leota seeni 30 minutit soojas vees ja seejärel kurna. Eemaldage varred ja lõigake otsad pooleks. Küpseta karpe umbes 5 minutit, kuni need avanevad; visake need, mis jäävad suletuks. Eemaldage karbid kestadest. Kuumuta puljong keemiseni ja lisa seened, bambusevõrsed, basiilik ja šalottsibul. Küpseta kaaneta 2 minutit. Lisage karbid, vein või šerri ja pipar ning küpseta, kuni see on hästi keedetud.

munasupp

4 inimesele

2 liitrit / 5 tassi / 1,2 l kanapuljongit
3 lahtiklopitud muna
45 ml/3 spl sojakastet
soola ja värskelt jahvatatud pipart
4 talisibulat (scallions), viilutatud

Aja puljong keema. Lisage järk-järgult lahtiklopitud munad, segades, et need eralduksid kiududeks. Lisa sojakaste ja maitsesta soola ja pipraga. Serveeri murulaukuga.

Krabi- ja kammkarbisupp

4 inimesele

4 kuivatatud hiina seeni
15 ml/1 spl maapähkliõli
1 lahtiklopitud muna
2½ tk/6 tassi/1,5 l kanapuljongit
175 g purustatud krabiliha
100 g kooritud kammkarpe, lõigatud viiludeks
100 g viiludeks lõigatud bambusevõrseid
2 murulauku (murulauk), hakitud
1 viil ingverijuurt, tükeldatud
paar kooritud keedetud krevetti (valikuline)
45 ml / 3 spl maisijahu (maisitärklis)
90 ml/6 supilusikatäit vett
30 ml/2 spl riisiveini või kuiva šerrit
20 ml/4 tl sojakastet
2 munavalget

Leota seeni 30 minutit soojas vees ja seejärel kurna. Eemalda varred ja lõika pealt õhukesteks viiludeks. Kuumuta õli, lisa muna ja kalluta panni nii, et muna kataks põhja. küpseta kuni keerake ja küpsetage teine pool. Vormi lahti, rulli kokku ja lõika õhukesteks ribadeks.

Aja puljong keema, soovi korral lisa seened, munaribad, krabiliha, kammkarbid, bambusevõrsed, talisibul, ingver ja krevetid. Keeda uuesti. Sega maisitärklis 60ml/4 spl vee, veini või šerri ja sojakastmega ning sega supi sisse. Keeda pidevalt segades, kuni supp pakseneb. Vahusta munavalged ülejäänud veega ja vala segu aeglaselt supi sisse, segades intensiivselt.

krabisupp

4 inimesele

90 ml/6 spl maapähkliõli

3 hakitud sibulat

225 g/8 untsi valget ja pruuni krabiliha

1 viil ingverijuurt, tükeldatud

2 liitrit / 5 tassi / 1,2 l kanapuljongit

¼pt/150ml/tass riisiveini või kuiva šerrit

45 ml/3 spl sojakastet

soola ja värskelt jahvatatud pipart

Kuumuta õli ja prae sibul pehmeks, kuid mitte pruuniks. Lisa krabiliha ja ingver ning prae 5 minutit. Lisa puljong, vein või šerri ja sojakaste, sool ja pipar. Kuumuta keemiseni ja keeda 5 minutit.

Kalasupp

4 inimesele

225g/8oz kalafileed

1 viil ingverijuurt, tükeldatud

15 ml/1 spl riisiveini või kuiva šerrit

30 ml/2 spl maapähkliõli

2 1/2 punkti / 1,5 l / 6 tassi kalapuljongit

Lõika kala vastu tera õhukesteks ribadeks. Sega ingver, vein või šerri ja oliiviõli, lisa kala ja sega õrnalt läbi. Lase aeg-ajalt segades 30 minutit marineerida. Kuumuta puljong keemiseni, lisa kala ja keeda tasasel tulel 3 minutit.

Kala-salatisupp

4 inimesele

225g/8oz valge kalafileed
30 ml / 2 spl nisujahu (universaalne)
soola ja värskelt jahvatatud pipart
90 ml/6 spl maapähkliõli
6 talisibulat (scallions), viilutatud
100 g hakitud salatit
2 punkti / 5 tassi / 1,2 l vett
10 ml/2 tl hakitud ingverijuurt
150 ml/¼ pt/½ tassi rikkalikku riisiveini või kuiva šerrit
30 ml / 2 spl maisitärklist (maisijahu)
30 ml/2 spl hakitud värsket peterselli
10 ml/2 tl sidrunimahla
30 ml/2 spl sojakastet

Lõika kala õhukesteks ribadeks ja sega maitsestatud jahuga. Kuumuta õli ja prae murulauk pehmeks. Lisa salat ja prae 2 minutit. Lisa kala ja küpseta 4 minutit. Lisa vesi, ingver ja vein või šerri, kuumuta keemiseni, kata kaanega ja keeda 5 minutit.

Sega maisitärklis vähese veega ja lisa supile. Küpseta segades veel 4 minutit, kuni moodustub supp.

selgita ja maitsesta soola ja pipraga. Serveeri peterselli, sidrunimahla ja sojakastmega üle puistatuna.

Ingverisupp pelmeenidega

4 inimesele

5 cm/2 riivitud ingverijuure tükis

350 g / 12 untsi pruuni suhkrut

2½ punkti / 1,5 liitrit / 7 tassi vett

225 g/8 untsi/2 tassi riisijahu

2,5 ml / ½ tl soola

60 ml/4 spl vett

Pane ingver, suhkur ja vesi pannile ning kuumuta pidevalt segades. Katke ja küpseta umbes 20 minutit. Kurna supp ja pane pannile tagasi.

Vahepeal pane kaussi jahu ja sool ning sega neid järk-järgult nii palju vett, et tekiks paks tainas. Vormi väikesed pallikesed ja aseta need supi sisse. Kuumuta supp uuesti keemiseni, kata kaanega ja keeda veel 6 minutit, kuni pelmeenid on küpsed.

kuum ja hapu supp

4 inimesele

8 kuivatatud hiina seeni
1 ¾ tassi/1 liiter/4 ¼ tassi kanapuljongit
100 g ribadeks lõigatud kana
100 g ribadeks lõigatud bambusevõrseid
100 g ribadeks lõigatud tofut
15 ml/1 spl sojakastet
30 ml/2 spl veiniäädikat
30 ml / 2 spl maisitärklist (maisijahu)
2 lahtiklopitud muna
paar tilka seesamiõli

Leota seeni 30 minutit soojas vees ja seejärel kurna. Eemaldage varred ja lõigake pealmine osa ribadeks. Kuumuta seened, puljong, kana, bambusevõrsed ja tofu keemiseni, kata kaanega ja hauta 10 minutit. Vahusta sojakaste, veiniäädikas ja maisitärklis ühtlaseks, lisa supile ja keeda 2 minutit, kuni supp on läbipaistev. Lisa aeglaselt söögipulgaga segades munad ja seesamiõli. Katke ja laske enne serveerimist 2 minutit puhata.

Seenesupp

4 inimesele

15 kuivatatud Hiina seeni

2½ tk/6 tassi/1,5 l kanapuljongit

5 ml/1 tl soola

Leota seeni 30 minutit soojas vees ja nõruta, jättes vedeliku alles. Eemaldage varred ja lõigake otsad pooleks, kui need on suured, ja asetage suurde kuumakindlasse kaussi. Asetage kauss auruti restile. Aja puljong keema, vala seentele, kata kaanega ja keeda 1 tund keevas vees. Maitsesta soolaga ja serveeri.

Kapsa ja seenesupp

4 inimesele

25 g/1 unts kuivatatud hiina seeni
15 ml/1 spl maapähkliõli
2 untsi/50 g hakitud hiina lehti
15 ml/1 spl riisiveini või kuiva šerrit
15 ml/1 spl sojakastet
2 tk/5 tassi/1,2 l kana- või köögiviljapuljongit
soola ja värskelt jahvatatud pipart
5 ml/1 tl seesamiõli

Leota seeni 30 minutit soojas vees ja seejärel kurna. Eemaldage varred ja lõigake otsad. Kuumuta oliiviõli ja prae seeni ja hiina lehti 2 minutit, kuni need on hästi kaetud. Sega juurde vein või šerri ja sojakaste ning lisa puljong. Kuumuta keemiseni, maitsesta soola ja pipraga ning keeda 5 minutit. Enne serveerimist nirista seesamiõliga.

munasupp seentega

4 inimesele

1 ¾ tassi/1 liiter/4 ¼ tassi kanapuljongit

30 ml / 2 spl maisitärklist (maisijahu)

100 g seeni, viilutatud

1 sibularõngas, peeneks hakitud

näputäis soola

3 tilka seesamiõli

2,5 ml/½ tl sojakastet

1 lahtiklopitud muna

Sega veidi puljongit maisitärklisega ja sega kõik ained peale muna. Kuumuta keemiseni, kata ja keeda 5 minutit. Lisa muna, sega söögipulgaga nii, et muna moodustaks nöörid. Eemaldage tulelt ja laske enne serveerimist 2 minutit puhata.

Seene- ja vesikastanisupp

4 inimesele

1 ¾ tassi/1 1/4 ¼ tassi köögiviljapuljongit või vett
2 sibulat peeneks hakitud
5 ml/1 tl riisiveini või kuiva šerrit
30 ml/2 spl sojakastet
225g/8oz nööbiseened
100 g viilutatud vesikastanit
100 g viiludeks lõigatud bambusevõrseid
paar tilka seesamiõli
2 tükkideks lõigatud salatilehte
2 sibulat (murulauk), tükkideks lõigatud

Kuumuta vesi, sibul, vein või šerri ja sojakaste keemiseni, kata kaanega ja hauta 10 minutit. Lisa seened, vesikastanid ja bambusevõrsed, kata kaanega ja küpseta 5 minutit. Lisa seesamiõli, salatilehed ja talisibul, tõsta tulelt, kata ja lase enne serveerimist 1 minut puhata.

Sealiha ja seenesupp

4 inimesele

60 ml/4 spl maapähkliõli

1 purustatud küüslauguküüs

2 sibulat viilutatud

8 untsi/225 g lahja sealiha, ribadeks lõigatud

1 selleri vars tükeldatud

2 untsi/50 g seeni, viilutatud

2 viilutatud porgandit

2 punkti / 5 tassi / 1,2 l veiselihapuljongit

15 ml/1 spl sojakastet

soola ja värskelt jahvatatud pipart

15 ml / 1 spl maisitärklist (maisijahu)

Kuumuta õli ning prae küüslauku, sibulat ja sealiha, kuni sibul on pehme ja kergelt pruunikas. Lisa seller, seened ja porgand, kata kaanega ja küpseta 10 minutit. Kuumuta puljong keemiseni, lisa koos sojakastmega pannile ning maitsesta soola ja pipraga. Sega maisitärklis vähese veega, vala pannile ja küpseta segades umbes 5 minutit.

Sealiha ja kressisupp

4 inimesele

2½ tk/6 tassi/1,5 l kanapuljongit
100 g lahja sealiha ribadeks lõigatud
3 selleripulka, lõigatud diagonaalselt
2 talisibulat (scallions), viilutatud
1 hunnik kressi
5 ml/1 tl soola

Kuumuta puljong keemiseni, lisa sealiha ja seller, kata kaanega ja hauta 15 minutit. Lisa murulauk, kress ja sool ning küpseta ilma kaaneta umbes 4 minutit.

Sealiha ja kurgi supp

4 inimesele

100 g/4 untsi lahja sealiha, õhukeselt viilutatud
5 ml/1 tl maisitärklist (maisitärklis)
15 ml/1 spl sojakastet
15 ml/1 spl riisiveini või kuiva šerrit
1 kurk
2½ tk/6 tassi/1,5 l kanapuljongit
5 ml/1 tl soola

Kombineeri sealiha, maisitärklis, sojakaste ja vein või šerri. Sega sealiha hästi läbi. Koori kurk ja lõika pikuti pooleks ning eemalda seemned. Ma lõikan seda sageli. Kuumuta puljong keemiseni, lisa sealiha, kata kaanega ja hauta 10 minutit. Lisa kurk ja küpseta paar minutit, kuni see muutub läbipaistvaks. Maitsesta soolaga ja soovi korral lisa veidi sojakastet.

Seapallid ja nuudlisupp

4 inimesele

50 g riisinuudleid

225g/8oz jahvatatud sealiha (jahvatatud)

5 ml/1 tl maisitärklist (maisitärklis)

2,5 ml / ½ tl soola

30 ml/2 supilusikatäit vett

2½ tk/6 tassi/1,5 l kanapuljongit

1 šalottsibul (roheline sibul), peeneks hakitud

5 ml/1 tl sojakastet

Lihapallide valmistamise ajaks leota pasta külmas vees. Sega sealiha, maisitärklis, veidi soola ja vett ning vormi kreeka pähkli suurused pallikesed. Kuumuta pannil vesi keemiseni, lisa sealihapallid, kata ja küpseta 5 minutit. Nõruta korralikult ja nõruta pasta. Aja puljong keema, lisa sealihapallid ja pasta, kata kaanega ja keeda 5 minutit. Lisa šalottsibul, sojakaste ja ülejäänud sool ning küpseta veel 2 minutit.

Spinati ja tofu supp

4 inimesele

2 liitrit / 5 tassi / 1,2 l kanapuljongit
200g konservtomateid, nõrutatud ja tükeldatud
8 untsi/225 g kuubikuteks lõigatud tofut
8 untsi/225 g tükeldatud spinatit
30 ml/2 spl sojakastet
5 ml/1 tl fariinsuhkrut
soola ja värskelt jahvatatud pipart

Kuumuta puljong keemiseni ja lisa tomatid, tofu ja spinat ning sega õrnalt. Tõsta tagasi tulele ja küpseta 5 minutit. Lisa sojakaste ja suhkur ning maitsesta soola ja pipraga. Lase enne serveerimist 1 minut keeda.

Maisi-krabisupp

4 inimesele

2 liitrit / 5 tassi / 1,2 l kanapuljongit
200 g/7 untsi suhkrumais
soola ja värskelt jahvatatud pipart
1 lahtiklopitud muna
200 g purustatud krabiliha
3 šalottsibulat hakitud

Aja puljong keema, lisa suhkrumais ning maitsesta soola ja pipraga. Keeda madalal kuumusel 5 minutit. Vahetult enne serveerimist määri munad kahvliga ja lisa need supile. Serveeri peale puistatuna krabiliha ja hakitud murulauku.

Sichuani supp

4 inimesele

4 kuivatatud hiina seeni

2½ tk/6 tassi/1,5 l kanapuljongit

75 ml/5 spl kuiva valget veini

15 ml/1 spl sojakastet

2,5 ml/½ tl kuuma kastet

30 ml / 2 spl maisitärklist (maisijahu)

60 ml/4 spl vett

100 g lahja sealiha ribadeks lõigatud

50 g ribadeks lõigatud keedetud sinki

1 punane paprika ribadeks lõigatud

50g vesikastaneid, viilutatud

10 ml/2 tl veiniäädikat

5 ml/1 tl seesamiõli

1 lahtiklopitud muna

100 g kooritud krevette

6 murulauku (murulauk), hakitud

6 untsi/175 g kuubikuteks lõigatud tofut

Leota seeni 30 minutit soojas vees ja seejärel kurna. Eemaldage varred ja lõigake otsad. Kaasa võtta puljong, vein, soja

kaste ja tšillikaste lase keema tõusta, kata ja keeda 5 minutit. Sega maisitärklis poole veega ja lisa supile, sega, kuni see pakseneb. Lisa seened, sealiha, sink, paprika ja vesikastanid ning küpseta 5 minutit. Sega veiniäädikas ja seesamiõli. Klopi muna ülejäänud veega lahti ja vala see intensiivselt segades supi sisse. Lisa krevetid, talisibul ja tofu ning kuumuta paar minutit läbi.

tofu supp

4 inimesele

2½ tk/6 tassi/1,5 l kanapuljongit
8 untsi/225 g kuubikuteks lõigatud tofut
5 ml/1 tl soola
5 ml/1 tl sojakastet

Aja puljong keema ja lisa tofu, sool ja sojakaste. Küpseta paar minutit, kuni tofu on kuum.

Tofu ja kalasupp

4 inimesele

225 g valget kalafileed, ribadeks lõigatud

150 ml/¼ pt/½ tassi rikkalikku riisiveini või kuiva šerrit

10 ml / 2 tl hakitud ingverijuurt

45 ml/3 spl sojakastet

2,5 ml / ½ tl soola

60 ml/4 spl maapähkliõli

2 hakitud sibulat

100 g seeni, viilutatud

2 liitrit / 5 tassi / 1,2 l kanapuljongit

100 g kuubikuteks lõigatud tofut

soola ja värskelt jahvatatud pipart

Asetage kala kaussi. Sega vein või šerri, ingver, sojakaste ja sool ning vala kalale. Lase 30 minutit marineerida. Kuumuta õli ja prae sibulat 2 minutit. Lisage seened ja jätkake praadimist, kuni sibul on pehme, kuid mitte pruunistunud. Lisa kala ja marinaad, kuumuta keemiseni, kata kaanega ja küpseta 5 minutit. Lisa puljong, lase keema tõusta, kata kaanega ja hauta 15 minutit. Lisa tofu ja maitsesta soola ja pipraga. Prae kuni tofu on küps.

Tomatisupp

4 inimesele

400g konservtomateid, nõrutatud ja tükeldatud

2 liitrit / 5 tassi / 1,2 l kanapuljongit

1 viil ingverijuurt, tükeldatud

15 ml/1 spl sojakastet

15 ml/1 spl tšillikastet

10 ml/2 tl suhkrut

Pane kõik koostisosad pannile ja kuumuta aeglaselt, aeg-ajalt segades. Enne serveerimist küpseta umbes 10 minutit.

Tomati ja spinati supp

4 inimesele

2 liitrit / 5 tassi / 1,2 l kanapuljongit
225 g tükeldatud konservtomateid
8 untsi/225 g kuubikuteks lõigatud tofut
225 g / 8 untsi spinatit
30 ml/2 spl sojakastet
soola ja värskelt jahvatatud pipart
2,5 ml / ½ tl suhkrut
½ tl/2,5 ml riisiveini või kuiva šerrit

Kuumuta puljong keemiseni, lisa tomatid, tofu ja spinat ning keeda 2 minutit. Lisa ülejäänud koostisosad ja küpseta 2 minutit, sega korralikult läbi ja serveeri.

kaalikasupp

4 inimesele

1 ¾ tassi/1 liiter/4 ¼ tassi kanapuljongit
1 suur naeris õhukeselt viilutatud
200 g/7 untsi lahja sealiha, õhukeseks viilutatud
15 ml/1 spl sojakastet
60 ml/4 spl brändit
soola ja värskelt jahvatatud pipart
4 šalottsibulat, peeneks hakitud

Aja puljong keema, lisa kaalikas ja sealiha, kata kaanega ja keeda 20 minutit, kuni kaalikas on pehme ja liha hästi küpsenud. Sega maitse järgi sojakastme ja brändiga. Küpseta kuumaks, puista peale murulauku.

Puljong

4 inimesele

6 kuivatatud hiina seeni
1 ¾ tassi / 1 l / 4 ¼ tassi köögiviljapuljongit
50 g ribadeks lõigatud bambusevõrseid
50g vesikastaneid, viilutatud
8 hernest kuubikuteks lõigatud
5 ml/1 tl sojakastet

Leota seeni 30 minutit soojas vees ja seejärel kurna. Eemaldage varred ja lõigake pealmine osa ribadeks. Lisa need puljongile koos bambusevõrsete ja vesikastanitega ning kuumuta keemiseni, kata kaanega ja keeda 10 minutit. Lisage herned ja sojakaste, katke kaanega ja küpseta 2 minutit. Lase enne serveerimist 2 minutit puhata.

taimetoitlane supp

4 inimesele

¼ *valget kapsast*

2 porgandit

3 varssellerit

2 murulauku (roheline sibul)

30 ml/2 spl maapähkliõli

2½ punkti / 6 tassi / 1,5 l vett

15 ml/1 spl sojakastet

15 ml/1 spl riisiveini või kuiva šerrit

5 ml/1 tl soola

värskelt jahvatatud pipar

Lõika köögiviljad ribadeks. Kuumuta oliiviõli ja prae köögivilju 2 minutit, kuni need hakkavad pehmenema. Lisa ülejäänud ained, kuumuta keemiseni, kata kaanega ja küpseta 15 minutit.

Kressisupp

4 inimesele

1 ¾ tassi/1 liiter/4 ¼ tassi kanapuljongit
1 sibul hakitud
1 selleri vars tükeldatud
8 untsi/225 g kressi, jämedalt tükeldatud
soola ja värskelt jahvatatud pipart

Kuumuta puljong, sibul ja seller keemiseni, kata kaanega ja hauta 15 minutit. Lisa kress, kata kaanega ja küpseta 5 minutit. Maitsesta soola ja pipraga.

Praetud kala köögiviljadega

4 inimesele

4 kuivatatud hiina seeni
4 tervet kala, puhastatud ja kooritud
prae õli
30 ml / 2 spl maisitärklist (maisijahu)
45 ml/3 spl maapähkliõli
100 g ribadeks lõigatud bambusevõrseid
50 g vesikastaneid, lõigatud ribadeks
50 g hakitud hiina kapsast
2 viilu hakitud ingverijuurt
30 ml/2 spl riisiveini või kuiva šerrit
30 ml/2 supilusikatäit vett
15 ml/1 spl sojakastet
5 ml / 1 tl suhkrut
120 ml/4 fl untsi/¬Ω tassi kalapuljongit
soola ja värskelt jahvatatud pipart
¬Ω hakitud salatipea
15 ml/1 spl hakitud peterselli

Leota seeni 30 minutit soojas vees ja seejärel kurna. Eemaldage varred ja lõigake otsad. Lõika kala pooleks

maisijahu ja raputa üleliigne maha. Kuumuta õli ja prae kala umbes 12 minutit, kuni see on küpsenud. Nõruta imavale paberile ja hoia soojas.

Kuumuta oliiviõli ja prae seeni, bambusevõrseid, vesikastanit ja kapsast 3 minutit. Lisa ingver, vein või šerri, 15 ml/1 spl vett, sojakaste ja suhkur ning prae 1 minut. Lisa puljong, sool ja pipar, kuumuta keemiseni, kata kaanega ja keeda 3 minutit. Sega maisitärklis ülejäänud veega, vala pannile ja küpseta segades, kuni kaste pakseneb. Laota salat taldrikule ja lao peale kala. Vala peale köögiviljad ja kaste ning serveeri peterselliga kaunistatud.

terve röstitud kala

4 inimesele

1 suur meriahven vms kala

45 ml / 3 spl maisijahu (maisitärklis)

45 ml/3 spl maapähkliõli

1 sibul hakitud

2 purustatud küüslauguküünt

50 g ribadeks lõigatud sinki

100 g kooritud krevette

15 ml/1 spl sojakastet

15 ml/1 spl riisiveini või kuiva šerrit

5 ml / 1 tl suhkrut

5 ml/1 tl soola

Määri kala maisitärklisega. Kuumuta õli ning prae sibul ja küüslauk kergelt pruunikaks. Lisa kala ja prae mõlemalt poolt kuldpruuniks. Tõsta kala küpsetusplaadil olevale fooliumilehele ning tõsta peale sink ja krevetid. Lisa pannile sojakaste, vein või šerri, suhkur ja sool ning sega korralikult läbi. Vala kalale, kata alumiiniumfooliumiga ja aseta 20 minutiks 150°C/300∞F/termostaat 2 eelsoojendatud ahju.

hautatud sojakala

4 inimesele

1 suur meriahven vms kala

soola

50 g/2 untsi/½ tassi tavalist jahu (universaalne)

60 ml/4 spl maapähkliõli

3 viilu hakitud ingverijuurt

3 murulauku (murulauk), hakitud

250 ml / 8 untsi / 1 tass vett

45 ml/3 spl sojakastet

15 ml/1 spl riisiveini või kuiva šerrit

2,5 ml/½ c. suhkur

Puhastage kala ja koorige see mõlemalt küljelt diagonaalselt. Puista peale soola ja lase 10 minutit seista. Kuumuta õli ja prae kala mõlemalt poolt kuldseks, keerake üks kord ja määrige küpsemise ajal õliga. Lisa ingver, šalottsibul, vesi, sojakaste, vein või šerri ja suhkur, kuumuta keemiseni, kata kaanega ja hauta 20 minutit, kuni kala on küps. Serveeri kuumalt või külmalt.

Sojakala austrikastmega

4 inimesele

1 suur meriahven vms kala

soola

60 ml/4 spl maapähkliõli

3 murulauku (murulauk), hakitud

2 viilu hakitud ingverijuurt

1 purustatud küüslauguküüs

45 ml/3 spl austrikastet

30 ml/2 spl sojakastet

5 ml / 1 tl suhkrut

250 ml / 8 untsi / 1 tass kalapuljongit

Puhastage kala, koorige ja lõigake mitu korda diagonaalselt mõlemalt poolt. Puista peale soola ja lase 10 minutit seista. Kuumuta suurem osa õlist ja prae kala ühe korra keerates mõlemalt poolt kuldpruuniks. Samal ajal kuumuta eraldi pannil ülejäänud õli ning prae talisibul, ingver ja küüslauk kuldpruuniks. Lisa austrikaste, sojakaste ja suhkur ning prae 1 minut. Lisa puljong ja kuumuta keemiseni. Vala segu punase kala hulka, lase keema tõusta, kata ja küpseta u

15 minutit, kuni kala on küpsenud, keerates seda küpsetamise ajal üks või kaks korda.

aurutatud meriahven

4 inimesele

1 suur meriahven vms kala
2,25 l / 4 liitrit / 10 tassi vett
3 viilu hakitud ingverijuurt
15 ml / 1 spl soola
15 ml/1 spl riisiveini või kuiva šerrit
30 ml/2 spl maapähkliõli

Puhastage ja koorige kala ning tehke mõlemale küljele mitu diagonaalset sisselõiget. Aja vesi suures potis keema ja lisa ülejäänud ained. Kastke kala vette, katke tihedalt kinni, keerake kuumus maha ja laske 30 minutit puhata, kuni kala on küps.

Hautatud kala seentega

4 inimesele

4 kuivatatud hiina seeni

1 suur karpkala vms kala

soola

45 ml/3 spl maapähkliõli

2 murulauku (murulauk), hakitud

1 viil ingverijuurt, tükeldatud

3 purustatud küüslauguküünt

100 g ribadeks lõigatud bambusevõrseid

250 ml / 8 untsi / 1 tass kalapuljongit

30 ml/2 spl sojakastet

15 ml/1 spl riisiveini või kuiva šerrit

2,5 ml/¬Ω c. suhkur

Leota seeni 30 minutit soojas vees ja seejärel kurna. Eemaldage varred ja lõigake otsad. Tee kalale mitu sisselõiget diagonaalselt mõlemalt poolt, puista peale soola ja lase 10 minutit seista. Kuumuta õli ja prae kala mõlemalt poolt kergelt pruuniks. Lisa šalottsibul, ingver ja küüslauk ning prae 2 minutit. Lisa ülejäänud koostisosad, lase keema tõusta, kata ja küpseta 15 minutit, kuni kala on küps, keerake üks või kaks korda ja segage aeg-ajalt.

Magushapu kala

4 inimesele

1 suur meriahven vms kala
1 lahtiklopitud muna
50 g/2 untsi maisijahu (maisitärklis)
prae õli

Kastme jaoks:

15 ml/1 spl maapähkliõli
1 roheline paprika ribadeks lõigatud
100g konserveeritud ananassi siirupis
1 sibul neljandikku lõigatud
100 g / 4 untsi / ¬Ω tassi pruuni suhkrut
60 ml/4 spl kanapuljongit
60 ml/4 spl veiniäädikat
15 ml / 1 spl tomatipüreed (pasta)
15 ml / 1 spl maisitärklist (maisijahu)
15 ml/1 spl sojakastet
3 murulauku (murulauk), hakitud

Puhastage kala ning eemaldage soovi korral uimed ja pea. Kasta lahtiklopitud munasse ja seejärel maisitärklisesse. Kuumuta õli ja prae kala kuldpruuniks. Nõruta hästi ja hoia soojas.

Kastme valmistamiseks kuumuta oliiviõli ning prae pipart, nõrutatud ananassi ja sibulat 4 minutit. Lisa 30ml/2 spl ananassiirupit, suhkur, puljong, veiniäädikas, tomatipasta, maisitärklis ja sojakaste ning kuumuta segades keemiseni. Küpseta segades, kuni kaste muutub heledamaks ja paksemaks. Vala kalale ja serveeri murulauguga üle puistatud.

Sealihaga täidetud kala

4 inimesele

1 suur karpkala vms kala

soola

100 g/4 untsi sealiha (tükeldatud)

1 šalottsibul (roheline sibul), hakitud

4 viilu hakitud ingverijuurt

15 ml / 1 spl maisitärklist (maisijahu)

60 ml/4 spl sojakastet

15 ml/1 spl riisiveini või kuiva šerrit

5 ml / 1 tl suhkrut

75 ml/5 spl maapähkliõli

2 purustatud küüslauguküünt

1 sibul viilutatud

300 ml/¬Ω pt/1¬° tassi vett

Puhastage ja koorige kala ning puistake peale soola. Lisa sealiha, murulauk, veidi ingverit, maisijahu, 15ml/1spl sojakastet, veini või šerrit ja suhkrut ning täida kala. Kuumuta õli ja prae kala mõlemalt poolt kuldpruuniks, eemalda pannilt ja nõruta suurem osa õlist. Lisa ülejäänud küüslauk ja ingver ning prae kergelt pruuniks.

Lisa ülejäänud sojakaste ja vesi, kuumuta keemiseni ja keeda 2 minutit. Pange kala tagasi pannile, katke kaanega ja küpseta, kuni kala on täielikult küpsenud, umbes 30 minutit, keerates üks või kaks korda.

www.ingramcontent.com/pod-product-compliance
Lightning Source LLC
Chambersburg PA
CBHW071911110526
44591CB00011B/1638